KOCHEN MIT
GRÜNEM GEMÜSE

W0196686

KOCHEN MIT GRÜNEM GEMÜSE

Bath · New York · Cologne · Melbourne · Delhi
Hong Kong · Shenzhen · Singapore · Amsterdam

This edition published by Parragon Books Ltd

Parragon Books Ltd
Chartist House
15–17 Trim Street
Bath BA1 1HA, UK
www.parragon.com

Copyright © Parragon Books Ltd

Neue Rezepte, Einleitung und Begleittext: Christine McFadden
Neue Fotografien: iangarlick.com
Neues Food Styling: Nikki Gee
Illustrationen: Nicola O'Byrne
Projektmanagement: Louisa Smith

Alle Rechte vorbehalten. Die vollständige oder auszugsweise Speicherung, Vervielfältigung oder Übertragung des
Werkes, ob elektronisch, mechanisch, durch Fotokopie oder Aufzeichnung, ist ohne vorherige Genehmigung des
Rechteinhabers urheberrechtlich untersagt.

Copyright © für die deutsche Ausgabe

Parragon Books Ltd
Chartist House
15-17 Trim Street
Bath BA1 1HA, UK
www.parragon.com

Realisation der deutschen Ausgabe:
trans texas publishing services GmbH, Köln
Übersetzung: Aggi Becker, Köln

ISBN 978-1-4723-7286-4

Printed in China

Hinweis
Sind Zutaten in Löffeln angegeben, ist immer ein gestrichener Löffel gemeint: Ein Teelöffel entspricht 5 ml,
ein Esslöffel 15 ml. Sofern nicht anders angegeben, wird Vollmilch (3,5 % Fett) verwendet. Eier und einzelne
Gemüsestücke sind von mittlerer Größe. Pfeffer wird grundsätzlich frisch gemahlen verwendet. Wurzelgemüse
sollte vor der Weiterverarbeitung geschält werden.

Garnierungen, Dekorationen und Serviervorschläge sind optional und nicht unbedingt in der Zutatenliste oder
Anleitung angegeben. Alle optionalen Zutaten und Zutaten zum Abschmecken sind nicht in den angegebenen
Zeiten berücksichtigt worden. Die angegebenen Zeiten können von den tatsächlichen leicht abweichen, da je nach
verwendeter Zubereitungsmethode und vorhandenem Herdtyp Schwankungen auftreten.

Bildnachweis
Der Verleger dankt für die Abdruckrechte an folgenden Abbildungen: Seite 7 (Radicchio) © Fuse/Getty Images;
Seite 117 (Flaschen mit Saft) © Cultura/BRETT STEVENS/Getty Images.

INHALT

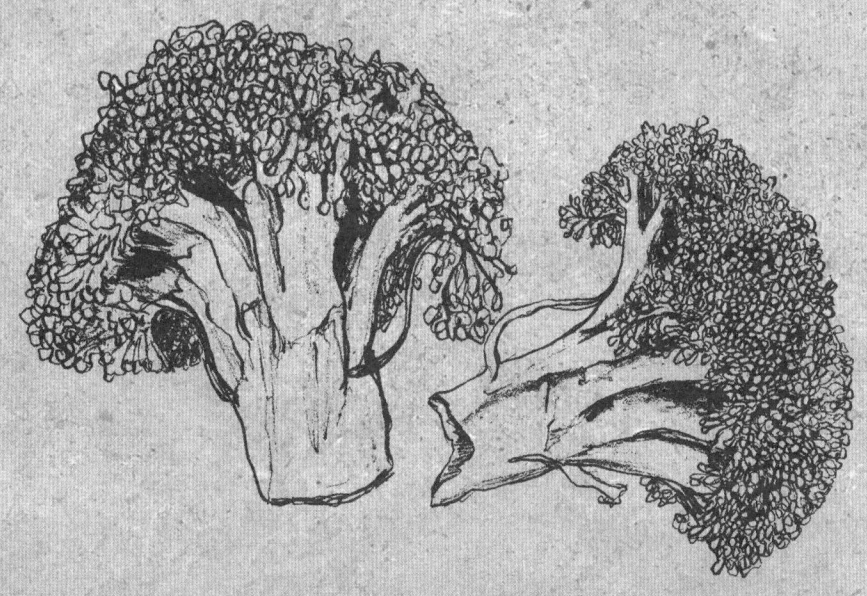

EINLEITUNG

Vor noch gar nicht allzu langer Zeit rief der Gedanke daran, grünes Gemüse zu kochen und zu essen keine große Begeisterung hervor. Das hat sich jedoch dank der immer größeren Auswahl an leckeren Gemüsesorten und kreativen neuen Zubereitungsideen sowie einem wachsenden Bewusstsein über seinen Nährwert geändert: Das einstmals ungeliebte Gemüse ist heute ein Star in der Küche.

Was also hat es auf sich mit dem grünen Gemüse? Warum ist es so wichtig für unsere Ernährung? Die Rezepte in diesem Buch beweisen, dass es fantastisch schmeckt. Es ist im Handumdrehen zubereitet und unglaublich vielseitig – man kann es roh oder gegrillt, gedämpft oder frittiert essen, in Salate oder Reisgerichte geben, oder zu Saft verarbeiten. Je nachdem, was man dazu reicht, belastet es den Geldbeutel so wenig wie die Taille. Doch das Wichtigste ist: Grünes Gemüse enthält wichtige Nährstoffe, die unser Wohlbefinden steigern.

GRÜNES GEMÜSELEXIKON

GRÜNES GEMÜSE ZUM KOCHEN
Grünkohl

Sein hervorragendes Nährstoffpro-
fil und sein appetitliches Aussehen
haben Grünkohl zum kulinarischen
Superstar gemacht. Je nach Art sind
die Blätter entweder gekräuselt
oder geriffelt. Manche Grünkohlblätter sind blaugrün und haben
kontrastierend dazu lilafarbene Stängel; andere erscheinen fast schwarz.
Grünkohl hat einen vollmundigen
und erdigen Geschmack mit einem
angenehmen Hauch von Süße. Er ist
ungemein vielseitig: Man kann ihn
dämpfen, kochen, braten, für Suppen,
Eintöpfe und Pesto verwenden, oder
junge Blätter in einen Salat mengen.

Spinat

Es gibt zwei Arten von Spinat: Den
Baby-Spinat mit weichen Blättern
ohne Stängel, den man roh essen

kann, und die größeren gekräuselten
Blätter mit Stängel, die man besser
gart. Beide haben einen zarten,
erdigen, leicht salzigen Geschmack.
Spinat kann man kochen, dämpfen,
leicht anbraten oder in Butter oder
Öl dünsten. Spinat schmeckt gut
zu Pasta und Risotto aber auch als
Pizzabelag. Bedenken Sie, dass die
Blätter beim Garen um mehr als die
Hälfte zusammenfallen.

Mangold

Mangold liefert zwei Gemüse in
einem – knackige Stängel und
zarte Blätter. Die Stängel benötigen
eine längere Garzeit und lassen
sich zu einer leckeren Beilage in
einem Gratin oder in einer Wok-
pfanne verarbeiten. Die Blätter
kann man wie Spinat verwenden.
Einige Mangoldsorten haben farben-
prächtige Stängel und gekräuselte
dunkelgrüne Blätter. Schnittmangold
hat breite weiße Stängel und glatte
grasgrüne Blätter. Mangold schmeckt
ähnlich wie Spinat, aber kräftiger.

Kohl

Es gibt viele Kohlarten, von Köpfen
mit eng liegenden Blättern, über
krausblättrigen Wirsing bis hin zu
Frühkohlsorten mit losen Blättern

wie Spitzkohl und knackigem China-kohl. Die Farben variieren von Blass-gelb über leuchtendes Grün bis zu sattem Rot. Kohl wird oft nicht sonderlich geschätzt, aber er schmeckt gedünstet oder roh als Salat köstlich. Frühkohl schmeckt süßlich mild, die dunkelgrünen Sorten dagegen herber. Rotkohl hat einen leicht pfeffrigen Geschmack. Mit frischen Kräutern, abgeriebener Zitronenschale und frisch gemahlenem schwarzem Pfeffer lässt sich der Geschmack von Kohl verfeinern.

Gebackener Brokkoli mit Parmesan (S. 82)

Rosenkohl

Rosenkohlröschen sehen aus wie kleine Kohlköpfe in Walnussgröße. In der Regel wird Rosenkohl lose verkauft, selten noch am Stängel. Meist ist er hellgrün, es gibt aber auch rote Sorten. Rosenkohl hat eine feste Konsistenz und einen kräftigen, leicht süßlichen Geschmack. Er ist sowohl gedämpft als auch gekocht oder gebraten köstlich. Halbieren oder vierteln Sie große Röschen und kochen Sie sie bissfest – wenn sie zu lang gekocht werden, fallen sie auseinander und schmecken bitter.

Brokkoli

Calabreser Brokkoli hat einen dicken Stängel und einen Kopf aus eng gewachsenen Röschen, die kleine ungeöffnete Blütenstände sind. Sprossenbrokkoli hat lange Stängel, von denen dünnere Stängel und Blätter abgehen, und kleine lila- oder cremefarbene Röschen. Beide Sorten haben einen fein-herzhaften Geschmack. Der Calabreser Brokkoli hat, nicht zu lange gekocht, eine knackige Konsistenz, der Sprossenbrokkoli ist dagegen weicher und zarter. Beide Sorten kann man am besten dünsten, braten oder rösten – so bleiben Konsistenz und Nährstoffe am besten erhalten. Servieren Sie Brokkoli als Beilage oder geben Sie ihn zu Risottos, Pasta und Omeletts. Sprossenbrokkoli schmeckt köstlich über Dampf gegart oder gegrillt und mit etwas Olivenöl oder geschmolzener Butter verfeinert.

Thunfisch mit Pak Choi & Soba-Nudeln
(S. 74)

Pak Choi

Pak Choi gehört zu den leckersten asiatischen Gemüsesorten und hat essbare weiße Stängel und breite grüne Blätter. Einige Sorten haben breitere, löffelförmige Stängel und andere rote Blätter. Die Stängel sind knackig, saftig und leicht süß, während die Blätter im Geschmack an Senf erinnern. Pak Choi schmeckt sowohl roh als auch gegart köstlich. Man kann ihn fein geschnitten unter Salate mengen, im Wok anbraten oder zu Suppen und Nudelgerichten geben. Die Stängel benötigen eine etwas längere Garzeit als die Blätter.

Gemüsekohl

Der bei uns wenig bekannte und verwendete Gemüsekohl ist eine alte Kohlart, deren Blätter keine Köpfe bilden und am ehesten denen von Grünkohl ähneln. Die paddel-förmigen Blätter sind grün oder blaugrün und haben einen faserigen Stängel. Sie benötigen eine relativ lange Garzeit, die sich verkürzt, wenn man sie fein hackt. Sie schmecken intensiv nach Kohl und leicht bitter. Sie gehören zu den Gemüsesorten mit dem höchsten Nährstoffgehalt und können gekocht, geschmort, gebraten oder für Suppen und Eintöpfe verwendet und wie Weißkohlblätter gefüllt und aufgerollt werden.

Brauner Senf

Die Blätter sind erfrischend scharf. Manche Pflanzen haben einen violetten Stängel mit grünen Blättern, andere sind komplett grün. In kleinen Mengen verleihen junge Senfblätter einem Salat Farbe und Pep. Größere Blätter brät man am besten an, um ihnen die Schärfe zu nehmen. Dazu passen gut asiatische Gewürze wie Ingwer, Knoblauch und Chili.

Rübstiel

Rübstiel hat dicke Stängel und einen kräftigen, pfeffrigen Geschmack, der dem des Braunen Senfs ähnelt. Die Stängel beseitigen und die Blätter vor dem Garen in breite Stücke schneiden. Dämpfen oder in Wasser kochen, bis sie gar sind, oder in Butter oder Olivenöl auf kleiner Flamme braten.

SALATE

Salatköpfe

Der Romana-Salat ist für seine knackigen Blätter und seinen kernigen Geschmack bekannt. Ebenfalls sehr knackig, aber nicht so geschmacksintensiv ist der Eisbergsalat – seine schüsselförmigen Blätter eignen sich gut zum Einwickeln würziger Füllungen und für Hamburger. Der klassische Kopfsalat hat große weiche Blätter mit angenehm süßlichem Geschmack und eignet sich perfekt für einen einfachen grünen Salat. Der Rote Eichblattsalat und der gekräuselte Lollo Rosso sorgen für Abwechslung in Farbe und Konsistenz. Aus Salatköpfen kann man auch Suppen oder Saft machen, oder sie mit Erbsen und jungen Kartoffeln schmoren.

Endivie

Es gibt Frisée (Krausblättrige Endivie) und Eskariol. Frisée hat geriffelte, grobe Blätter, während die Eskariol-Blätter glattere Ränder haben und zarter sind. Beide Sorten haben dunkelgrüne Außenblätter und zitronengelbe Herzen. Sie schmecken süßlich und nur leicht bitter. Endivien sind eine knackige Zutat für einen gemischten Salat und die ideale Begleitung für mächtige Fleischgerichte.

Rucola

Rucola hat einen besonderen, pfeffrigen Geschmack und einen angenehmen Biss. Wilder Rucola hat kleine eingekerbte, dunkelgrüne Blätter; die verbreitetere Sorte hat weniger eingekerbte, längere Blätter. Rucola wird für mediterrane Salate verwendet, kann aber auch gedämpft oder sanft in Öl gebraten und unter Pasta gemengt werden.

Brunnenkresse

Brunnenkresse besticht mit ihrem komplexen, pfeffrigen Geschmack. Am besten serviert man sie in einem Salat, zum Beispiel mit roter Zwiebel oder gehobeltem Fenchel oder in einem Sandwich. Nicht mehr ganz frische Brunnenkresse kann man unter Pasta oder Risotto mengen oder in einem Omelett backen. Sie ergibt auch eine kräftige grüne Suppe.

Radicchio

Radicchio ist eine Form der Zichorie mit eng zu einem Kopf gewachsenen roten Blättern und weißen Stängeln. Die leicht zähen Blätter haben einen bittersüßen Geschmack. Man schneidet sie am besten in Streifen und mengt sie sparsam unter einen Salat. Mit Öl bestrichen und gegrillt oder geschmort schmecken die Blätter gut zu Pasta oder Risotto.

LEICHTE GERICHTE

CAESAR SALAD MIT RADICCHIO

Traditionell bereitet man Caesar Salad mit Romana zu, hier verwenden wir stattdessen rubinroten Radicchio. Sein bittersüßer Geschmack passt hervorragend zu Parmesan, Pancetta und Senfdressing.

PORTIONEN: 2　　　**ZUBEREITEN: 20 MIN.**　　**GAREN: 5 MIN.**

ZUTATEN

4 dünne Scheiben Pancetta

½ Kopf Radicchio, harte äußere Blätter und grober Strunkansatz entfernt

50 g fertige Croûtons

4 Sardellen in Öl, abgetropft (nach Belieben)

25 g frisch geriebener Parmesan, plus etwas gehobelter Parmesan zum Garnieren

frische Basilikumblätter, zum Garnieren

DRESSING

2 TL Zitronensaft

1 TL Dijon-Senf

1 kleine Knoblauchzehe, zerstoßen

1 Spritzer Worcestersauce

3 EL natives Olivenöl extra

Salz und Pfeffer

1. Für das Dressing Zitronensaft, Senf, Knoblauch und Worcestersauce in einer kleinen Schüssel verrühren. Mit Salz und Pfeffer würzen und anschließend mit dem Schneebesen das Olivenöl einrühren.

2. Die Pancetta in eine trockene Pfanne geben und 2–3 Minuten braten, bis sie knusprig ist. Auf Küchenpapier abtropfen lassen. In mundgerechte Stücke zerteilen und beiseitelegen.

3. Die Radicchio-Blätter in mundgerechte Stücke zupfen. Mit Croûtons, Sardellen (falls gewünscht) und geriebenem Parmesan in eine Salatschüssel geben. Das Dressing noch einmal umrühren, über den Salat gießen und vermengen.

4. Die Pancetta-Stücke über den Salat geben und mit Parmesanhobeln und Basilikumblättern garnieren. Sofort servieren.

ROTKOHL-BROKKOLI-SALAT

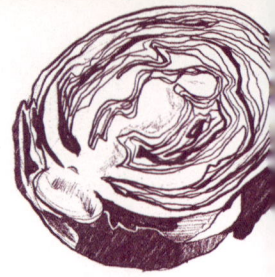

PORTIONEN: 4   **ZUBEREITEN: 15 MIN.**   **GAREN: 15 MIN.**

ZUTATEN

200 g Sprossenbrokkoli

250 g Rotkohl, fein gehackt

120 g gekochte Rote Bete, in Stifte geschnitten

2 EL getrocknete Cranberrys

3 EL Balsamico

CROÛTONS

2 EL Olivenöl

80 g Vollkornbrot, in kleine Stücke gebrochen

1 EL Sonnenblumenkerne

1 EL Leinsamen

1. Den Brokkoli in einen Dämpfeinsatz legen, abdecken und auf einen Topf mit siedendem Wasser setzen. 3–5 Minuten dämpfen, bis er zart ist. Unter fließend kaltem Wasser abkühlen, die Stiele halbieren, den unteren Teil davon der Länge nach durchschneiden und alles in eine Salatschüssel geben.

2. Rotkohl, Rote Bete und getrocknete Cranberrys in die Salatschüssel geben.

3. Für die Croûtons das Öl auf mittlerer Stufe in einer Pfanne erhitzen, die Brotstücke hineingeben und 3–4 Minuten unter Rühren braten, bis sie braun werden. Sonnenblumenkerne und Leinsamen zufügen und weitere 2–3 Minuten rösten.

4. Den Balsamico über den Salat träufeln und alles vorsichtig vermengen. Mit Croûtons bestreuen und sofort servieren.

EXTRA TIPP

Je dunkler die Brokkoliröschen – ob violett, grün oder blaugrün – desto mehr Betacarotin und Vitamin C enthalten sie.

SALAT MIT LACHS & PINK GRAPEFRUIT

PORTIONEN: 2   **ZUBEREITEN: 20 MIN.**   **GAREN: OHNE**

ZUTATEN

1 Pink Grapefruit

50 g Rucola

50 g Frisée
(oder Endiviensalat)

½ Fenchelknolle, in dünne
Scheiben geschnitten

1 große Prise Meersalz

1 EL natives Olivenöl extra,
plus etwas mehr zum
Beträufeln

½ TL Weißweinessig

60 g geräucherter Lachs

Pfeffer

Kresse, zum Garnieren

1. Mit einem scharfen Messer die Schale der Grapefruit mit der weißen Haut von oben nach unten entlang der Rundung abschneiden. Zwischen Fruchtfleisch und Trennhäutchen jedes Fruchtsegments entlangschneiden und das Fruchtfleisch auslösen. Beiseitestellen.

2. Rucola, Frisée und Fenchel in eine Schüssel geben. Mit Meersalz bestreuen. Mit den Händen vermengen, um das Salz zu verteilen. Das Öl zugießen und vermengen. Mit Essig beträufeln, erneut vermengen und auf zwei Teller verteilen.

3. Den geräucherten Lachs in mundgerechte Stücke schneiden und mit den Grapefruit-Filets auf dem Salat verteilen. Mit Öl beträufeln und mit Pfeffer bestreuen.

4. Mit der Kresse garnieren und sofort servieren.

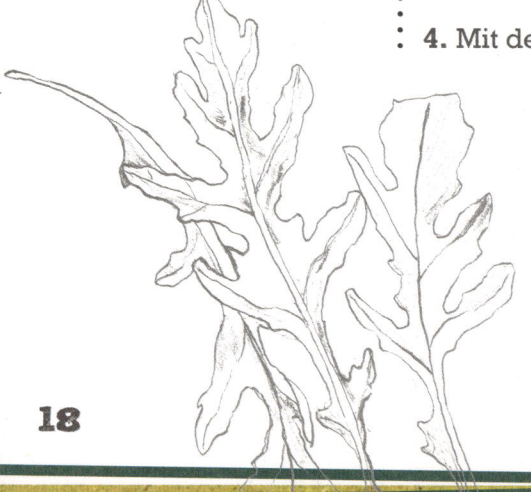

FRISCHER SALAT MIT RINDFLEISCHSTREIFEN

Ein thailändisch inspirierter Salat mit hauchdünn geschnittenen Steakstreifen zu Grünkohl, scharfen Radieschenscheiben, kühler Minze und Koriander, serviert mit frischem Limettendressing.

PORTIONEN: 4   **ZUBEREITEN: 15 MIN.**   **GAREN: 10 MIN.**

ZUTATEN

Blätter von ½ Eisbergsalat, in mundgerechten Stücken

200 g Radieschen, in dünne Scheiben geschnitten

4 Schalotten, in dünne Ringe geschnitten

80 g Grünkohl, fein geschnitten

2 EL getrocknete Gojibeeren

25 g frische Minze, grob gehackt

25 g frischer Koriander, grob gehackt

2 Rumpsteaks (à 250 g), sichtbares Fett entfernt

1 EL Sonnenblumenöl

Salz und Pfeffer

DRESSING

Saft von 1 Limette

1 EL Sojasauce

3 EL Sonnenblumenöl

1. Eisbergsalat, Radieschen und Schalotten in eine Schüssel geben. Mit Grünkohl, Gojibeeren, Minze und Koriander bestreuen und vorsichtig vermengen.

2. Eine geriffelte Grillpfanne auf hoher Stufe erhitzen. Die Steaks mit Öl bestreichen und mit etwas Salz und Pfeffer bestreuen. In der heißen Pfanne entweder 2 Minuten von jeder Seite englisch garen, 3 Minuten medium oder 4 Minuten durchbraten. Das Fleisch auf einen Teller legen und ein paar Minuten ruhen lassen.

3. Inzwischen für das Dressing alle Zutaten in ein sauberes Schraubglas füllen, den Deckel zuschrauben und gut schütteln. Über den Salat träufeln und vermengen.

4. Den Salat auf vier Schüsseln verteilen. Das Steak in dünne Scheiben schneiden, auf dem Salat anrichten und sofort servieren.

GADO-GADO-SALAT

In diesem indonesisch angehauchten Salat werden roher Brokkoli und Wirsing mit knackigen Bohnensprossen und Gurken kombiniert, angemacht mit einem köstlichen Dressing aus Erdnüssen und Sojasauce.

PORTIONEN: 4   **ZUBEREITEN: 20 MIN.**   **GAREN: 5 MIN.**
PLUS ABKÜHLEN

ZUTATEN

250 g Blumenkohl, in kleinen Röschen

120 g Brokkoli, in kleinen Röschen

120 g Wirsing, fein geschnitten

150 g frische Bohnensprossen

300 g Gurke, geschält, der Länge nach halbiert, entkernt und in dicke Stücke geschnitten

1 rote Paprika, fein gehackt

DRESSING

2 EL Erdnussöl

80 g ungesalzene Erdnusskerne, fein gehackt

2 Knoblauchzehen, fein gehackt

2 EL Sojasauce

Saft von 2 Limetten

½ roter Chili, entkernt und fein gehackt

1. Blumenkohl, Brokkoli, Wirsing, Bohnensprossen, Gurke und rote Paprika in eine Salatschüssel geben und behutsam vermengen.

2. Für das Dressing 1 Esslöffel Öl auf mittlerer Stufe in der Pfanne erhitzen. Erdnüsse und Knoblauch hineingeben und 2–3 Minuten braten, bis sie leicht gebräunt sind. Vom Herd nehmen und Sojasauce, Limettensaft, Chili und das restliche Öl unterrühren, dann abkühlen lassen.

3. Das Dressing über den Salat gießen und vermengen. Auf vier Schüsseln verteilen und sofort servieren.

GRÜN IST GESUND

Grünes Gemüse ist randvoll mit wichtigen Nährstoffen. Es liefert nicht nur Vitamine, Mineralien und Ballaststoffe, sondern enthält auch viele sekundäre Pflanzenstoffe – eine Gruppe von Substanzen, die die körpereigene Abwehr stärken und vor Krebs schützen.

Zu den wichtigsten Substanzen gehören Antioxidantien, darunter verschiedene Mineralien, Vitamin C und E und Carotinoide (die pflanzliche Form von Vitamin A). Antioxidantien schützen den Körper, indem sie schädliche freie Radikale deaktivieren, die durch Angreifen der Körperzellkerne genetische Veränderungen hervorrufen, die mit Krebs in Verbindung stehen.

Doch das ist noch nicht alles. Grünes Gemüse enthält Folsäure, eine Form von Vitamin B, die essenziell für die Bildung roter Blutkörperchen und damit wichtig für heranwachsende Kinder und für Schwangere ist. Grünes Gemüse liefert außerdem wertvolle Mineralien, die für Frauen besonders wichtig sind: Calcium, das Ostheoporose vorbeugt, und Eisen. Das sind genug Gründe, um grünes Gemüse zu essen!

NÄHRSTOFFE UND IHRE EFFEKTE: Kalzium

Stärkt die Knochen. Essenziell für Muskelkontraktion, Nervenfunktion, Enzymaktivität und Blutgerinnung.

Eisen

Ist an der Bildung roter Blutkörperchen und dem Sauerstofftransport im Körper beteiligt.

Folsäure

Eine Form von Vitamin B, die wichtig für die Zellbildung und deshalb unerlässlich für Embryos ist. Auch für ein normales Wachstum bei Kindern.

Vitamin A/Carotinoide

Vitamin A kommt in tierischer Nahrung vor, doch auch Carotinoide aus pflanzlichen Lebensmitteln werden im Körper in Vitamin A umgewandelt. Sie schützen die Zellen, stärken das Immunsystem und bewahren die Haut vor Sonnenschäden.

Vitamin C

Hilft dem Körper, Eisen aus der Nahrung aufzunehmen. Beschleunigt die Wundheilung, hält die Haut gesund und stärkt die Abwehrkräfte.

Wichtige Nährstoffe in grünem Gemüse (pro 100 g, roh)

	Kalzium mg	Eisen mg	Folsäure µg	Vitamin A iu	Vitamin C mg
Brokkoli	47	0,73	63	623	89,2 **2.**
Rosenkohl	42	1,4	61	754	85 **3.**
Kohl	40	0,47	43	98	36,6
Mangold	51	1,8 **2.**	14	6,116	30
Gemüsekohl	232 **1.**	0,47	129	5,019	35,3
Endivien	52	0,83	142 **2.**	2,167	6,5
Grünkohl	150 **3.**	1,47	141 **3.**	9,990 **2.**	120 **1.**
Grüner Salat	36	0,86	38	2,666	9,2
Brauner Senf	115	1,64 **3.**	12	3,024	70
Pak Choi	105	0,8	66	4468	45
Spinat	99	2,71 **1.**	194 **1.**	9,377 **3.**	28,1
Rübstiel	190 **2.**	1,10	194 **1.**	11,587 **1.**	60
Brunnen-kresse	120	0,20	9	3,191	43

Quellen: USDA Datenbank

 Gemüse mit dem höchsten Gehalt des jeweiligen Nährstoffes

  Hoher Gehalt des jeweiligen Nährstoffes.

SALAT-WRAPS MIT HACKFLEISCH

Die würzige Füllung wird hier in knackigen, schüsselförmigen Eisbergsalatblättern serviert. Man kann die Blätter um das Hackfleisch legen und mit den Fingern essen.

PORTIONEN: 4　　　**ZUBEREITEN: 15 MIN.**　　**GAREN: 15 MIN.**

ZUTATEN

40 g getrocknete Kokosraspel

1 TL Fenchelsamen

1 TL Kreuzkümmelsamen

3 EL Kokos- oder Pflanzenöl

2 Schalotten, gehackt

1 Knoblauchzehe, in dünne Scheiben geschnitten

¼–½ TL getrocknete Chiliflocken

250 g frisches Schweinehackfleisch

Saft von ½ Limette

6 EL frisch gehackter Koriander

8 große, knackige Eisbergsalatblätter, dicker Strunkansatz entfernt

Salz und Pfeffer

frische rote Chilis, in feine Ringe geschnitten, zum Garnieren

Sojasauce und Limettenspalten, zum Servieren

1. Den Backofen auf 180 °C vorheizen.

2. Die Kokosraspel 2–3 Minuten im vorgeheizten Ofen backen, bis sie sich goldbraun färben. Aus dem Ofen nehmen und beiseitestellen.

3. Fenchel- und Kreuzkümmelsamen in einem Mörser leicht zerstoßen. Das Öl in einer großen Pfanne auf mittlerer bis hoher Stufe erhitzen. Schalotten, Knoblauch, zerstoßenen Fenchel, Kreuzkümmel und Chiliflocken hineingeben und 2 Minuten dünsten, bis sie Farbe annehmen.

4. Die Kokosraspel bis auf 4 Esslöffel unter die Gewürzmischung mengen. Das Hackfleisch zufügen und mit einer Gabel gleichmäßig verteilen. 3 Minuten anbraten, bis es nicht mehr rosa ist. Limettensaft und 4 Esslöffel Koriander unterrühren. Mit Salz und Pfeffer abschmecken.

5. Die Hackfleischmischung auf die Salatblätter verteilen und auf einer Servierplatte anrichten. Mit den restlichen Kokosraspeln und dem Koriander bestreuen. Mit Chili-Stückchen garnieren und sofort servieren. Dazu Sojasauce zum Dippen und Limettenspalten reichen.

PUTEN-WRAPS MIT AVOCADO-SALSA

PORTIONEN: 4

ZUBEREITEN: 30 MIN. PLUS MARINIEREN

GAREN: 10 MIN.

ZUTATEN

4 dünne Putenbrustschnitzel (insgesamt 350 g)

Olivenöl, zum Bestreichen

4 Blätter Romana-Salat, dicke Stängel entfernt, in Streifen geschnitten

4 Mais-Tortillas, erwärmt

3 EL saure Sahne

MARINADE

Saft von 2 Orangen

1 TL Kreuzkümmelsamen, leicht zerstoßen

½ TL getrocknete rote Chiliflocken

4 EL Olivenöl

Salz und Pfeffer

SALSA

2 Avocados, geschält, entkernt und gewürfelt

1 kleine rote Zwiebel, gewürfelt

2 Tomaten, entkernt und gewürfelt

2 EL frisch gehackter Koriander

Saft von 1 Limette

1. Das Putenfleisch in etwa 4 cm x 6 cm große Streifen schneiden. In eine flache Schlüssel legen.

2. Alle Zutaten für die Marinade verrühren. Über das Putenfleisch gießen, abdecken und 4 Stunden oder über Nacht im Kühlschrank ziehen lassen. Mindestens 30 Minuten vor der Zubereitung aus dem Kühlschrank nehmen, um das Fleisch auf Zimmertemperatur zu bringen.

3. Alle Zutaten für die Salsa in einer kleinen Schüssel vermengen.

4. Den Backofengrill auf höchster Stufe vorheizen. Das Putenfleisch abtropfen lassen und die Marinade wegschütten. Die Putenstreifen wellenförmig auf Metallspieße ziehen (oder die Enden von Holzspießen mit Aluminiumfolie umwickeln) und mit Öl bestreichen. Die Spieße auf ein Grillrost legen und unter dem vorgeheizten Grill von jeder Seite 5 Minuten backen, bis das Fleisch gar und an den Enden gebräunt ist. Die Spieße entfernen und das Fleisch warm halten.

5. Den Salat auf den Tortillas verteilen und das Putenfleisch darauflegen. Ein wenig saure Sahne und Salsa zufügen. Den unteren Teil und die Seiten von den Tortillas über die Füllung falten. Sofort servieren.

BRUSCHETTA MIT RUCOLA, BOHNEN & TOMATEN

Pfeffriger Rucola, Tomaten und leckeres Bohnenpüree mit Knoblauch und Kräutern auf knusprigem Sauerteigbrot – dieses Rezept ist ganz leicht zuzubereiten und unschlagbar als kleiner Snack oder Vorspeise.

PORTIONEN: 4   **ZUBEREITEN: 20 MIN.**   **GAREN: 15 MIN.**

ZUTATEN

800 g Cannellini-Bohnen
aus der Dose

1 kleine Knoblauchzehe,
zerdrückt

2 EL natives Olivenöl extra,
plus etwas mehr zum
Beträufeln

1 TL Zitronensaft

1 EL frisch gehackte
glatte Petersilie

¾ TL frisch gehackter
Rosmarin

25 g Rucola

8–10 Scheiben Sauerteigbrot

16–20 kleine Eiertomaten,
geviertelt

Meersalz und Pfeffer

1. Die Bohnen abspülen und abtropfen lassen, anschließend mit Knoblauch, Öl, Zitronensaft, Petersilie und Rosmarin in einer großen Schüssel vermengen. Mit Meersalz und Pfeffer würzen und mit der Gabel zu einem groben Püree zerdrücken.

2. Große Rucola-Blätter grob hacken. Den Backofengrill auf mittlerer Stufe vorheizen.

3. Das Brot unter den vorgeheizten Grill legen und von beiden Seiten rösten.

4. Das Brot dick mit dem Bohnenpüree bestreichen. Den Rucola darauf verteilen und mit Tomatenvierteln belegen. Mit Meersalz und Pfeffer würzen, mit etwas Öl beträufeln und sofort servieren.

30

BUCHWEIZENPFANNKUCHEN MIT SPINAT & FETA

PORTIONEN: 8

ZUBEREITEN: 30 MIN. PLUS RUHEN

GAREN: 45 MIN.

ZUTATEN

60 g Buchweizenmehl

40 g Weizenmehl

2 Eier, leicht verquirlt

350 ml Milch

25 g Butter, plus etwas mehr zum Braten

125 g braune Champignons

600 g Baby-Spinat

35 g Walnüsse, grob gehackt

50 g Feta Käse, zerbröselt

1 große Prise frisch geriebene Muskatnuss

1 große Prise getrocknete Chiliflocken

Salz und Pfeffer

frisch gehackter Dill, zum Garnieren

1. Beide Mehlsorten und ½ Teelöffel Salz in eine Schüssel sieben. Eine Mulde in die Mitte drücken und die Eier hineingeben. Mit einer Gabel etwas Mehl vom Rand der Mulde unter die Eier mengen. Nach und nach die Milch zugießen und zu einem glatten Teig verrühren. 30 Minuten ruhen lassen, dann die Butter schmelzen und in den Teig rühren.

2. Ein wenig Butter in einer großen Pfanne erhitzen, die Champignons hineingeben und 5 Minuten braten. Vom Herd nehmen und beiseitestellen.

3. In der Zwischenzeit den Spinat 4 Minuten dämpfen. Abgießen und so viel Flüssigkeit wie möglich ausdrücken, dann grob hacken. Walnüsse und Feta zu den Champignons geben und gut vermengen. Spinat, Muskatnuss und Chiliflocken zufügen und mit Salz und Pfeffer würzen. Auf sehr kleiner Stufe warm halten.

4. Butter in einer 24 cm großen, beschichteten Pfanne auf mittlerer Stufe erhitzen, bis sie schäumt. 4 Esslöffel Teig hineingießen und die Pfanne schwenken, damit sich der Teig gleichmäßig verteilt. 2–2½ Minuten von jeder Seite backen, bis der Pfannkuchen leicht braun wird. Warm halten.

5. In die Mitte jedes Pfannkuchens etwas von der Füllung geben. Dann aufrollen und halbieren. Mit Schnittlauch garnieren und sofort servieren.

STEAK-SANDWICH MIT RÖSTZWIEBELN

PORTIONEN: 4 · **ZUBEREITEN: 15 MIN.** · **GAREN: 50 MIN.**

ZUTATEN

2 Rumpsteaks (à 250 g)

2 rote Zwiebeln, in dicke Ringe geschnitten

3 EL Olivenöl, plus etwas mehr zum Bestreichen und Beträufeln

2 TL Zucker

2 TL Balsamico

8 Scheiben Sauerteigbrot

1 Fleischtomate, in Scheiben geschnitten

50 g Rucola

Salz und Pfeffer

1. Den Backofen auf 190 °C vorheizen.

2. Die Steaks leicht mit Öl bestreichen, mit Salz und Pfeffer bestreuen und zur Seite stellen.

3. Die Zwiebelringe in einer großen Schüssel mit 3 Esslöffeln Öl und Zucker vermengen und mit Salz und Pfeffer würzen. Auf einem Backblech im vorgeheizten Backofen 20–25 Minuten rösten und alle 10 Minuten wenden, bis sie braun werden. Mit Balsamico beträufeln, wenden und weitere 5–8 Minuten rösten, bis die Zwiebelringe braun und klebrig sind. In eine Schüssel füllen.

4. Eine Grillpfanne auf mittlerer bis hoher Stufe erhitzen. Die Steaks hineingeben und 3–3½ Minuten von jeder Seite anbraten. Das Fleisch auf ein Schneidebrett legen und 5 Minuten ruhen lassen.

5. Die Brotscheiben toasten. Vier Brotscheiben mit Tomatenscheiben und Rucola belegen. Mit etwas Olivenöl beträufeln und mit Salz und Pfeffer würzen.

6. Jedes Steak diagonal in 2 cm breite Streifen schneiden. Auf den Rucola legen und die Röstzwiebeln darauf verteilen (übrig gebliebene Röstzwiebeln halten luftdicht verpackt bis zu 1 Monat im Kühlschrank). Die restlichen Brotscheiben daraufplegen und sofort servieren.

34

FRISCH BLEIBEN!

Das Angebot an Gemüse ist heutzutage groß: Wir bekommen frisches grünes Gemüse im Supermarkt, beim Bauern, in Gemüseläden oder auf Märkten, um nur ein paar Möglichkeiten zu nennen. Supermärkte bieten oft das ganze Jahr über eine große Auswahl. Viele Frischprodukte sind dort verpackt, vorgewaschen und teilweise vorbereitet – das erleichtert die Arbeit, wenn man wenig Zeit hat.

Wie lange bleibt mein Gemüse frisch?

Egal, ob Sie Gemüse verpackt oder lose kaufen, man kann nicht genau wissen, wie lange es sich zu Hause hält. Verpacktes Gemüse ist meist mit einem Haltbarkeitsdatum versehen. Das heißt aber nicht unbedingt, dass es auch so lange frisch bleibt. Es ist also wichtig zu wissen, worauf man achten sollte, und – ebenso wichtig – wie man Gemüse zu Hause am besten aufbewahrt.

Wie bewahre ich Gemüse am besten auf?

Gemüse sollte man im Gemüsefach des Kühlschranks in braunen Papiertüten oder in einer Plastiktüte mit Luftzufuhr aufbewahren. So hat es die leicht feuchte aber belüftete Umgebung, die es braucht. Eine verschlossene Plastiktüte eignet sich für Brunnenkresse und Blattgemüse, die in einer feuchten, geschlossenen Umgebung am längsten frisch bleiben.

Wie erkenne ich, ob es frisch ist?

Generell sollte grünes Gemüse knackig und prall sein, insbesondere Blattgemüse.

Brokkoli

Er sollte von intensiv grüner Farbe sein. Kaufen Sie keinen Brokkoli, der schlaff, gelblich oder am Stängelende rissig ist. Achten Sie bei Sprossenbrokkoli auf unbeschädigte Röschen.

Rosenkohl

Wählen Sie feste, pralle Röschen. Kaufen Sie keinen Rosenkohl mit schlaffen oder vergilbten äußeren Blättern.

Kohl

Kaufen Sie schwere Köpfe mit knackigen Blättern. Meiden Sie Köpfe mit gelblichen oder schon abgelösten äußeren Blättern.

Mangold, Blattgemüse, Grünkohl und Pak Choi

Achten Sie auf knackige, frische Blätter und feste Stängel. Kaufen Sie keine schlaffen, gelblichen und beschädigten Blätter oder Stängel.

Spinat und Rübstiel

Wählen Sie taufrische, dunkelgrüne Blätter. Kaufen Sie keine beschädigten, gelblichen oder schleimigen Blätter.

Kopfsalat, Endivien und Brauner Senf

Auch hier sollten die Blätter taufrisch sein und die Köpfe sich fest anfühlen. Ebenfalls sollten die Blätter nicht schleimig oder bräunlich sein.

Radicchio

Radicchio sollte feste Köpfe mit eng liegenden Blättern haben. Kaufen Sie keinen Kopf, von dem die äußeren Blätter bereits entfernt wurden.

Rucola und Brunnenkresse

Nehmen Sie pralle, intensiv grüne Blätter. Kaufen Sie auch hier keine schleimigen oder bräunlichen Blätter.

GRÜNKOHL-KARTOFFEL-PUFFER MIT SPIEGELEI

PORTIONEN: 4   **ZUBEREITEN: 30 MIN.**   **GAREN: 35 MIN.**

ZUTATEN

450 g Kartoffeln, ungeschält, in große Stücke geschnitten

100 g Grünkohl, dicke Stängel entfernt

großes Stück Butter

4 Frühlingszwiebeln mit etwas Grün, fein gehackt

2 TL Dillsaat

1 TL fein abgeriebene Zitronenschale

5 EL Pflanzenöl

4 Eier

Salz und Pfeffer

1. Die Kartoffeln in einen Topf mit leicht gesalzenem Wasser legen. Zum Kochen bringen und 15–20 Minuten köcheln, bis sie gar sind.

2. In der Zwischenzeit Wasser in einem zweiten Topf zum Kochen bringen. Den Grünkohl hineingeben und 2 Minuten blanchieren. In ein Sieb geben und unter fließend kaltem Wasser abspülen. So viel Wasser wie möglich ausdrücken. Grob hacken.

3. Die Kartoffeln abgießen und für einige Minuten zurück in den Topf geben, damit die Feuchtigkeit verdampfen kann. Mit der Butter zerdrücken und mit Salz und Pfeffer würzen.

4. Kartoffeln, Grünkohl, Frühlingszwiebeln, Dillsaat und abgeriebene Zitronenschale in einer großen Schüssel mit einer Gabel vermengen. Salzen und pfeffern und 1 cm dicke Puffer daraus formen.

5. 3 Esslöffel Öl in einer großen beschichteten Pfanne auf mittlerer Stufe erhitzen. Die Puffer 3–3½ Minuten von jeder Seite goldbraun braten. Beiseitestellen und warm halten.

6. Das restliche Öl in der Pfanne erhitzen, die Eier aufschlagen und nach Belieben braten. Ein Spiegelei auf jeden Kartoffelpuffer legen. Sofort servieren.

TORTILLA MIT SPINAT & PINIENKERNEN

PORTIONEN: 4   **ZUBEREITEN: 20 MIN.**   **GAREN: 20 MIN.**

ZUTATEN

250 g Baby-Spinat, gewaschen und abgetropft

1 EL Pflanzenöl

25 g Butter

1 große Schalotte, der Länge nach halbiert und in feine Streifen geschnitten

1 Knoblauchzehe, in dünne Scheiben geschnitten

40 g geröstete Pinienkerne

¼ TL Chiliflocken

8 Eier

25 g frisch geriebener Parmesankäse

Salz und Pfeffer

grüner Salat, zum Servieren

1. Den Spinat in einem Topf mit Deckel auf mittlerer Stufe 5 Minuten garen, bis er zart ist, dabei gelegentlich umrühren. Abgießen und so viel Flüssigkeit wie möglich ausdrücken, dann grob hacken.

2. Öl und Butter in einer ofenfesten, beschichteten Pfanne (24 cm Ø) auf mittlerer Stufe erhitzen. Die Schalotte 3 Minuten glasig dünsten. Den Knoblauch zufügen und weitere 2 Minuten dünsten. Spinat, Pinienkerne und Chiliflocken unterrühren. Mit Salz und Pfeffer würzen.

3. Eier und Parmesan in einer Schüssel mit dem Schneebesen verrühren. In die Pfanne gießen und umrühren, bis der Spinat gleichmäßig verteilt ist. Abgedeckt auf kleiner Stufe 5–7 Minuten garen, bis die Eier gestockt sind. In der Zwischenzeit den Backofengrill auf mittlerer Stufe vorheizen.

4. Die Pfanne 1–2 Minuten in den Ofen stellen, um die Oberfläche der Frittata zu garen. In Stücke schneiden und zu einem grünen Salat servieren.

EXTRA TIPP

Die Pfanne sollte einen Durchmesser von 24 cm haben. In einer größeren Pfanne wird die Eiermischung nicht dick genug, um das Gemüse zu bedecken.

LINSENSUPPE MIT MANGOLD

PORTIONEN: 6   **ZUBEREITEN:** 20 MIN.   **GAREN:** 55 MIN.

ZUTATEN

150 g braune Linsen

1 Zwiebel, fein gewürfelt

400 g passierte Tomaten

600–750 ml Hühner- oder Gemüsebrühe

½ TL Kreuzkümmelsamen, leicht zerstoßen, plus etwas mehr zum Garnieren

350 g Mangold

175 g Kartoffeln, in 1 cm große Würfel geschnitten

6 EL frisch gehackte Minze

2 Vollkorn-Pita-Brote

6 EL griechischer Joghurt

Salz und Pfeffer

Zitronenspalten, zum Garnieren

1. Die Linsen mit Zwiebel, passierten Tomaten, 600 ml Brühe, Kreuzkümmel und ½ Teelöffel Salz in einen Topf geben. Aufkochen und auf kleiner Stufe abgedeckt 20 Minuten köcheln lassen, bis die Linsen gar sind.

2. Die Stängel vom Mangold abschneiden und in feine Scheiben schneiden. Die Blätter quer in Streifen schneiden.

3. Mangoldstängel und Kartoffeln zu den Linsen geben und 10 Minuten garen.

4. Die Mangoldblätter zufügen und weitere 15 Minuten kochen. Falls nötig, die restliche Brühe dazugeben – die Suppe sollte jedoch dickflüssig sein. 4 Esslöffel Minze unterrühren und mit Salz und Pfeffer würzen.

5. Den Backofengrill auf mittlerer Stufe vorheizen. Die Pita-Brote öffnen und 3 Minuten im Ofen knusprig backen. In mundgerechte Stücke brechen und am Rand von sechs Suppentellern anrichten.

6. Die Suppe auf die Teller verteilen. Auf jeden Teller 1 Esslöffel Joghurt geben und mit restlicher Minze und Kreuzkümmel bestreuen. Mit Zitronenspalten garnieren und sofort servieren.

KARTOFFEL-LAUCH-SUPPE MIT SPINAT

PORTIONEN: 4 **ZUBEREITEN: 15 MIN.** **GAREN: 40 MIN.**

ZUTATEN

25 g Butter

2 Porreestangen, der Länge nach halbiert und gehackt

250 g Kartoffeln, ungeschält, in mundgerechte Stücke geschnitten

300 g Spinat, Stängel entfernt, Blätter in Streifen geschnitten

300 ml Gemüsebrühe

1 TL Zitronensaft

1 Prise frisch geriebene Muskatnuss

Salz und Pfeffer

saure Sahne, zum Servieren

1. Die Butter in einem großen Topf auf kleiner bis mittlerer Stufe erhitzen. Porree und Kartoffeln hineingeben, und zugedeckt 10 Minuten sanft garen, bis sie weich sind.

2. 200 g Spinat unterrühren. Abdecken und 2–3 Minuten garen, bis der Spinat zusammenfällt. Mit Salz und Pfeffer würzen. Die Hälfte der Brühe zugießen. Aufkochen und anschließend 20 Minuten mit schräg gestelltem Deckel auf kleiner Stufe köcheln lassen.

3. Die Hälfte der Suppe glatt pürieren. Wieder in den Topf gießen.

4. Den restlichen rohen Spinat mit der restlichen Brühe pürieren. Zur Suppe in den Topf gießen. Zitronensaft und Muskatnuss unterrühren und sanft erhitzen.

5. In Schüsseln oder Suppenteller füllen, einen Löffel saure Sahne dazugeben und sofort servieren.

EXTRA TIPP

Falls Sie eine sämige Suppe bevorzugen, pürieren Sie in Schritt 3 die ganze Suppe. Falls nötig, portionsweise vorgehen.

SUPPE AUS KOPFSALAT & RUCOLA

PORTIONEN: 6　　　**ZUBEREITEN: 20 MIN.**　　　**GAREN: 55 MIN.**

ZUTATEN

15 g Butter

1 große Zwiebel, halbiert und in Streifen geschnitten

2 Porreestangen, in Ringe geschnitten

1,5 l Gemüsebrühe

85 g Reis

2 Karotten, in Scheiben geschnitten

3 Knoblauchzehen

1 Lorbeerblatt

2 Kopfsalate (etwa 450 g), Strunk entfernt und grob gehackt

175 g Sahne

frisch geriebene Muskatnuss, nach Belieben

85 g Rucola, grob gehackt, plus einige Blätter zum Garnieren

Salz und Pfeffer

1. Die Butter in einem großen Topf bei mittlerer Hitze zerlassen. Zwiebeln und Porree zugeben und unter häufigem Rühren mit geschlossenem Deckel 3–4 Minuten dünsten.

2. Die Brühe zugießen und Reis, Karotten, Knoblauch, Lorbeerblatt und eine Prise Salz in den Topf geben. Aufkochen und bei niedriger Hitze zugedeckt 25–30 Minuten köcheln, bis Reis und Gemüse gar sind. Das Lorbeerblatt entfernen.

3. Den Kopfsalat in den Topf geben und unter gelegentlichem Rühren 10 Minuten kochen, bis die Blätter zusammengefallen sind.

4. Vom Herd nehmen, leicht abkühlen lassen und anschließend glatt pürieren.

5. Die Suppe zurück in den ausgespülten Topf gießen und sanft erhitzen, aber nicht zum Kochen bringen. Nach Belieben Sahne und Muskatnuss zufügen. Unter gelegentlichem Rühren 5 Minuten köcheln, bis die Suppe durchgewärmt ist.

6. Den Rucola in den Topf geben und 2–3 Minuten kochen, bis er zusammengefallen ist. Mit Salz und Pfeffer abschmecken. Die Suppe in vorgewärmte Teller füllen und jeden mit einigen frischen Rucola-Blättern garnieren. Sofort servieren.

HAUPTGANG MIT GRÜN

LINGUINE MIT GRÜNKOHL & ZITRONE

PORTIONEN: 2–3   **ZUBEREITEN: 20 MIN.**   **GAREN: 20 MIN.**

ZUTATEN

250 g Grünkohl, dicke Stängel entfernt, Blätter quer in dünne Streifen geschnitten

250 g Linguine

8 EL Olivenöl

1 Zwiebel, gehackt

1 Knoblauchzehe, in sehr feine Scheiben geschnitten

fein abgeriebene Schale von 1 großen Zitrone

1 große Prise Chiliflocken

3 EL frisch gehackter Schnittlauch

4 EL frisch geriebener Parmesan

Salz und Pfeffer

1. Wasser in einem großen Topf zum Kochen bringen. Den Grünkohl darin 2 Minuten blanchieren, bis er zusammenfällt. Abgießen und das Wasser auffangen. Beiseitestellen.

2. Die Linguine im Grünkohlwasser 10–12 Minuten al dente kochen.

3. In der Zwischenzeit das Öl in einer großen Pfanne auf mittlerer bis hoher Stufe erhitzen. Die Zwiebel 2–3 Minuten darin glasig dünsten. Den Knoblauch zufügen und 1 Minute dünsten.

4. Grünkohl, abgeriebene Zitronenschale und Chiliflocken einrühren und mit Salz und Pfeffer würzen. Auf mittlerer Stufe 4–5 Minuten garen und gelegentlich umrühren. Etwas Kochwasser zugießen, falls nötig.

5. Die Pasta abgießen und in eine vorgewärmte Servierschüssel füllen. Die Grünkohlmischung unter die Linguine mengen. Schnittlauch und Parmesan unterheben und mit Salz und Pfeffer würzen. Sofort servieren.

EXTRA TIPP

Durch die Verwendung des Grünkohlwassers für die Pasta spart man Zeit und Energie, obendrein verleiht es der Pasta auch mehr Geschmack.

AUBERGINEN-KICHERERBSEN-TOPF

Dieser herzhafte vegetarische Eintopf aus dem Nahen Osten ist voll reichhaltiger Gewürzaromen. Erst gegen Ende der Garzeit wird der Wirsing hinzugefügt, damit er seine kräftige Farbe nicht verliert.

PORTIONEN: 4–6   **ZUBEREITEN: 25 MIN.**   **GAREN: 55 MIN.**

ZUTATEN

4 EL Olivenöl

1 große Zwiebel, gehackt

1 EL Kreuzkümmelsamen, zerstoßen

½ TL Pimentbeeren, zerstoßen

2 Knoblauchzehen, in feine Scheiben geschnitten

1 große rote Paprika, entkernt und in 2,5 cm große Stücke geschnitten

2 Auberginen, in dicke Scheiben geschnitten und geviertelt

800 g Kichererbsen aus der Dose, abgetropft und abgespült

400 g gehackte Tomaten aus der Dose

500 ml Gemüsebrühe

½ Kopf Wirsingkohl, etwa 280 g, harte Stängel entfernt

Salz und Pfeffer

gegarte Quinoa, zum Servieren

1. Das Öl in einem ofenfesten Schmortopf mit 4 l Fassungsvermögen erhitzen. Zwiebel, Gewürze, ½ Teelöffel Salz und ¼ Teelöffel Pfeffer zufügen. Auf mittlerer bis hoher Stufe 5 Minuten dünsten, bis die Zwiebel weich, aber noch nicht braun ist.

2. Knoblauch, Paprika und Auberginen zufügen und weitere 5 Minuten braten, bis Paprika und Auberginen beginnen, weich zu werden.

3. Kichererbsen, Tomaten und Gemüsebrühe einrühren. Aufkochen und anschließend 30 Minuten auf kleiner Stufe im bedeckten Topf köcheln.

4. In der Zwischenzeit die Kohlblätter in Streifen schneiden. Den Kohl in den Topf geben, den Deckel auflegen und weitere 10–12 Minuten schmoren, bis der Kohl weich, aber noch grün ist. Abschmecken und falls nötig mit Salz und Pfeffer nachwürzen. Sofort mit fertig gekochter Quinoa servieren.

FILO-PIE MIT MANGOLD & RICOTTA

PORTIONEN: 9 **ZUBEREITEN: 30 MIN.** **GAREN: 55 MIN.**

ZUTATEN

900 g bunter Mangold

50 g Butter

2 Porreestangen, in Ringe geschnitten

2 Knoblauchzehen, in feine Scheiben geschnitten

3 EL frisch gehackte Kräuter (z.B. Thymian, Majoran und glatte Petersilie)

400 g Ricotta

50 g frisch geriebener Parmesan

1 Prise frisch geriebene Muskatnuss

2 Eier, verquirlt

12 große Filoteig-Blätter

Olivenöl, zum Bestreichen

50 g Pinienkerne

Salz und Pfeffer

1. Die Mangoldstängel in Stücke schneiden. Die Blätter in dünne Streifen schneiden.

2. Die Butter in einer großen Pfanne auf mittlerer Stufe erhitzen. Porree und Mangoldstängel zugeben und bedeckt 5–7 Minuten garen. Mangoldblätter, Knoblauch und Kräuter zufügen und weiter sanft garen, bis die Blätter weich sind. In ein Sieb geben und abtropfen lassen.

3. Ricotta, Parmesan, Muskatnuss und Eier in einer großen Schüssel mit dem Schneebesen vermengen. Das abgetropfte Gemüse unterrühren. Mit Salz und Pfeffer würzen.

4. Den Backofen auf 190 °C vorheizen. Eine Backform (23 cm x 30 cm) mit Filoteig auslegen. Mit Öl bestreichen und einige Pinienkerne darüberstreuen. Fünf weitere Teigblätter darüberlegen und jedes mit Öl bestreichen und mit Pinienkernen bestreuen.

5. Die Füllung daraufgeben und mit fünf weiteren Teigblättern belegen, dabei wie oben beschreiben vorgehen. Das letzte Blatt mit Öl bestreichen. Durch alle Schichten mit einem scharfen Messer neun etwa 7,5 cm große Quadrate schneiden.

6. 35–40 Minuten backen, bis der Teig goldbraun und knusprig ist. In Quadrate schneiden und heiß oder lauwarm servieren.

GRÜNKOHL-BOHNEN-EINTOPF

PORTIONEN: 6

ZUBEREITEN: 25 MIN. PLUS EINWEICHEN

GAREN: 2 STD.

ZUTATEN

350 g getrocknete Limabohnen, über Nacht eingeweicht

1 EL Kreuzkümmelsamen

2 TL getrockneter Oregano

3 EL Erdnussöl

2 Zwiebeln, gehackt

2 Knoblauchzehen, in feine Scheiben geschnitten

1–3 frische rote oder grüne Chilis, entkernt und in Scheiben geschnitten

400 g gehackte Tomaten aus der Dose

450 ml Gemüsebrühe

175 g Grünkohl, dicke Stängel entfernt, Blätter klein geschnitten

5 EL frisch gehackter Koriander

Saft von 1 Limette

Salz und Pfeffer

ZUM GARNIEREN

2 Avocados, geschält, entkernt und gewürfelt

1 kleine rote Zwiebel, halbiert und in dünne Streifen geschnitten

1. Die Bohnen abtropfen lassen, in einen großen Topf geben und mit Wasser bedecken. 15 Minuten kochen, dann die Hitzezufuhr reduzieren und weitere 30–45 Minuten köcheln, bis sie weich sind. Abgießen und beiseitestellen.

2. Den Kreuzkümmel in einer kleinen Pfanne ohne Öl auf mittlerer Stufe rösten, bis der duftet. Den Oregano zufügen und ein paar Sekunden erhitzen, dann sofort aus der Pfanne nehmen. Die Gewürze in einem Mörser leicht zerstoßen.

3. Das Öl in einem großen ofenfesten Schmortopf auf mittlerer Stufe erhitzen. Zwiebeln und Gewürzmischung hineingeben und 5 Minuten dünsten, bis die Zwiebeln glasig sind. Knoblauch und Chili zufügen und weitere 2 Minuten dünsten.

4. Tomaten, Bohnen und Gemüsebrühe einrühren. Mit Salz und Pfeffer würzen und zum Kochen bringen. Die Hitzezufuhr reduzieren, abdecken und 30 Minuten garen, dabei gelegentlich umrühren.

5. Die Hitzezufuhr erhöhen und den Grünkohl einrühren. Ohne Deckel 7 Minuten sanft garen, bis der Grünkohl zart, aber die Farbe nicht verblasst ist. Koriander und Limettensaft unterrühren.

6. Auf Suppenteller füllen und mit Avocado und roter Zwiebel garnieren. Sofort servieren.

GRÜNE GEMÜSEBURGER MIT ERBSEN & BOHNEN

Eine Mischung grüner Blattgemüse verleiht diesen leckeren vegetarischen Burgern Farbe und Nährstoffe. Sie sind leicht, aber dennoch sehr geschmackvoll – auch Fleischesser werden sie lieben.

PORTIONEN: 8

ZUBEREITEN: 30 MIN. PLUS RUHEN

GAREN: 25 MIN.

ZUTATEN

120 g Salat- und Gemüse-blätter wie Rucola, Brauner Senf, Pak Choi (nur die grünen Blätter), oder eine Fertigmischung, dicke Stängel entfernt

60 g gekochte Erbsen, zerdrückt

400 g Limabohnen aus der Dose, abgespült, abgetropft und zerdrückt

1 EL geriebene Zwiebel

1½ EL frisch gehackte Minze

¼ TL Salz

1 Prise Pfeffer

1 Ei, verquirlt

40 g Semmelbrösel

3 EL Pflanzenöl

ZUM SERVIEREN

4 ovale Pita-Brote, quer halbiert

Cocktailtomaten, halbiert

Mayonnaise

1. Die Salat- und Gemüseblätter grob zerkleinern. 3 Minuten dämpfen, in ein Sieb geben und mit kaltem Wasser abspülen. So viel Wasser wie möglich ausdrücken.

2. Gegarte grüne Blätter mit Erbsen, Bohnen, Zwiebel, Minze, Salz, Pfeffer und Ei vermengen. Mit einer Gabel sorgfältig vermischen. Die Semmelbrösel unterrühren. Bei Zimmertemperatur 30 Minuten ruhen lassen.

3. Acht runde Burger formen (etwa 1 cm dick und 6 cm Ø) und die Ränder fest andrücken.

4. Das Öl in einer beschichteten Pfanne auf mittlerer bis hoher Stufe erhitzen. Die Gemüseburger 2½–3 Minuten von jeder Seite braten, bis sie goldbraun und knusprig sind. In der Zwischenzeit den Backofengrill auf mittlerer Stufe vorheizen.

5. Die Pita-Brothälften unter dem vorgeheizten Grill rösten. Jede Hälfte mit einem Gemüseburger füllen, Tomatenhälften und etwas Mayonnaise zufügen. Sofort servieren.

CANNELLONI MIT GRÜNKOHL & RICOTTA

PORTIONEN: 4   **ZUBEREITEN: 45 MIN.**   **GAREN: 1 STD. 20 MIN.**

ZUTATEN

350 g Grünkohl, dicke Stängel entfernt

250 g Ricotta

fein abgeriebene Schale von 1 Zitrone

1 TL frische Thymianblätter

¼ TL gemahlene Muskatnuss

40 g frisch geriebener Parmesan

1 Handvoll frische Basilikumblätter, zerzupft, plus einige Blätter zum Garnieren

12 getrocknete Cannelloni

Salz und Pfeffer

SAUCE

800 g gehackte Tomaten aus der Dose

2 Zwiebeln, geviertelt

50 g Butter

250 ml Hühner- oder Gemüsebrühe

Salz und Pfeffer

1. Für die Sauce Tomaten, Zwiebeln und Butter in einem Topf auf mittlerer Stufe erhitzen. Ohne Deckel 45 Minuten köcheln und gelegentlich umrühren. Durch ein Sieb gießen, um die Zwiebeln herauszufiltern, dann zurück in den Topf geben. Die Brühe zugießen, mit Salz und Pfeffer würzen, beiseitestellen und warm halten.

2. In der Zwischenzeit die Grünkohlblätter in Streifen schneiden. 5 Minuten dämpfen, bis sie zart sind. In einem Sieb unter fließend kaltem Wasser abspülen. So viel Wasser wie möglich ausdrücken.

3. Den Grünkohl mit Ricotta, abgeriebener Zitronenschale, Thymian und Muskatnuss vermengen. Die Hälfte des Parmesans und die Basilikumblätter untermengen. Mit Salz und Pfeffer würzen. Die Cannelloni mit der Mischung befüllen. Den Backofen auf 180 °C vorheizen.

4. Die Hälfte der Sauce über den Boden einer Auflaufform (die Cannelloni sollten in einer Schicht hineinpassen) verteilen. Die gefüllten Cannelloni darauflegen und mit der restlichen Sauce bedecken. Mit übrigem Parmesan bestreuen.

5. Mit Aluminiumfolie bedecken und 25–35 Minuten im Ofen garen. Mit Basilikum garnieren und sofort servieren.

SO GELINGT'S

Um alles an Geschmack und Nährstoffen aus grünem Gemüse herauszuholen, lohnt es sich, ein paar Tricks zu kennen.

Kohl

Den Strunk abschneiden und die äußeren Blätter ablösen. Den harten Strunkansatz herausschneiden. Um den Kohl in Spalten zu schneiden, den Kohl der Länge nach vierteln und das Herz unberührt lassen, damit die Blätter sich nicht lösen. Für fein gehackten Kohl das Herz herausschneiden und die Viertel

quer in Streifen schneiden. Werfen Sie das Herzstück nicht weg – es ist knackig und lecker. Man kann es klein schneiden und unter Salate mischen oder als Rohkost mit Mayonnaise servieren.

Mangold

Um die Stiele von den Blättern zu trennen, die Blätter flach hinlegen und am Stiel entlang bis in das Blatt schneiden. Die Stängel in Scheiben schneiden oder würfeln. Die Blätter in breite Streifen schneiden. Die Blätter verlieren beim Garen einiges an Volumen.

Grüne Salate

Die Blätter in kaltes Wasser tauchen und in einer Salatschleuder trocknen. Mit Küchenpapier die restliche Feuchtigkeit aufsaugen. Salatblätter sollten ganz trocken sein, da sonst das Dressing nicht an den Blättern haften kann. Um die Blätter nicht zu beschädigen, zerrupft man sie.

Brokkoli

Den Brokkoli in Röschen mit etwa 2,5 cm langen Stängeln schneiden. Wenn die Röschen zu dick sind, der Länge nach in zwei oder drei gleich große Stücke schneiden, damit sie alle etwa dieselbe Garzeit benötigen. Der dicke Hauptstängel ist genauso schmackhaft wie die Röschen. Schälen und quer in dünne Scheiben schneiden. Mit den

Röschen kochen oder separat braten. Sprossenbrokkoli am Hauptstängel von den unteren großen Blättern befreien. Wenn der Hauptstängel hart erscheint, vom Ende nach oben biegen bis er bricht und das Endstück entsorgen. Die Röschen mit etwa 8 cm langen Stängeln und den zarten Blättern daran abschneiden. Dicke Stängel längs halbieren.

Grünkohl und Blattkohl

Um harte Stängel zu entfernen, ein gefaltetes Blatt in die Hand nehmen, den Stängel mit der anderen Hand greifen und abziehen. Alternativ mehrere Blätter schichten und die mittigen Stängel übereinanderlegen. Den Stapel entlang der Stängel falten. Mit einem Messer die Stängel mit einem Schnitt entfernen.

Pak Choi

Um Pak Choi vorzubereiten, das untere Ende abschneiden und die Blätter auseinandernehmen und mehrfach in frischem Wasser waschen. Das untere Ende benötigt eine längere Garzeit, deshalb dieses zuerst anbraten und die Blätter erst gegen Ende der Garzeit hinzugeben. Zarter Baby-Pak-Choi kann ganz gekocht werden.

Rosenkohl

Alle unschönen äußeren Blätter entfernen. Den Strunk abschneiden, aber nicht zu nah am Blattansatz, sonst fallen die Blätter während des Kochens ab. Man sollte die Röschen nicht wie oft empfohlen wird unten kreuzweise einschneiden, denn so werden sie zu weich.

BRATHÄHNCHEN MIT BRUNNENKRESSEBUTTER

PORTIONEN: 4 **ZUBEREITEN: 30 MIN.** **GAREN: 1 STD. 50 MIN. PLUS RUHEN**

ZUTATEN

80 g Brunnenkresse, Blätter vom Stiel gezupft

100 g weiche Butter

fein abgeriebene Schale und Saft von 1 kleinen Orange

2 EL fein gehackte Schalotte

½ TL schwarze Pfefferkörner, zerstoßen

1 große Prise Meersalz

1 Hähnchen, ca. 1,5 kg

400 ml Hühnerbrühe

Mehl, zum Bestäuben

Salz und Pfeffer

1. Den Backofen auf 200 °C vorheizen.

2. Die Brunnenkresse hacken und mit Butter, abgeriebener Orangenschale, Schalotte, Pfefferkörnern und Meersalz mischen.

3. Mit den Fingern die Haut des Hähnchens lösen. Die Brunnenkressebutter unter die Haut schieben und möglichst gut verteilen.

4. Das Hähnchen mit der Brustseite nach unten in einen Bräter legen. 6–8 Esslöffel Brühe dazugeben und 20 Minuten im Ofen rösten.

5. Das Hähnchen drehen und die Ofentemperatur auf 180 °C senken. 1 Stunde und 15 Minuten weiterbacken, bis das Fleisch gar ist und beim Einstechen in die dickste Stelle klarer Fleischsaft austritt. Dabei gelegentlich mit Flüssigkeit bestreichen. Auf einen vorgewärmten Servierteller legen und 10 Minuten ruhen lassen.

6. Den größten Teil des Fetts aus dem Bräter gießen. Etwas Mehl darüberstreuen. Den Bräter auf die Herdplatte stellen und bei mittlerer Hitze erwärmen, dabei den Bratensatz vom Boden lösen. Orangensaft, restliche Brühe und Fleischsaft zugießen. Unter Rühren aufkochen. Mit Salz und Pfeffer abschmecken. Die Sauce durch ein Sieb in eine Sauciere füllen und mit dem Hähnchen servieren.

QUINOA-PILAW MIT ROTKOHL & PUTE

Rotkohl verleiht diesem vorzüglichen Gericht eine intensive Farbe. Cranberrys und Paranüsse sorgen für Geschmack und Biss und die Quinoa für eine angenehm lockere Konsistenz.

PORTIONEN: 4–6　　　**ZUBEREITEN: 30 MIN.**　　　**GAREN: 55 MIN.**

ZUTATEN

90 g weiße Quinoa

90 g rote Quinoa

4 EL Pflanzenöl

1 große rote Zwiebel, halbiert und in dünne Streifen geschnitten

1 TL Kreuzkümmelsamen, zerstoßen

1 Zimtstange (10 cm), zerbrochen

½ Rotkohl, Strunk entfernt, Blätter in Streifen geschnitten

250–350 ml Hühner- oder Gemüsebrühe

350 g gekochtes Putenfleisch, in mundgerechte Stücke geschnitten

2 Karotten, mit dem Sparschäler in Streifen geschnitten

85 g getrocknete Cranberrys

85 g Paranusskerne, grob gehackt

Salz und Pfeffer

1 kleine Handvoll frische glatte Petersilienblätter, zum Garnieren

1. Weiße und rote Quinoa vermengen, in ein Sieb geben und abspülen. Mit ½ Teelöffel Salz in einen Topf geben und mit Wasser auffüllen. Zum Kochen bringen und anschließend bei schwacher Hitze 15 Minuten köcheln lassen. Vom Herd nehmen und den Topf mit dem Deckel bedeckt 5 Minuten stehen lassen, damit die Körner weiterziehen können. Die Quinoa mit der Gabel auflockern und beiseitestellen.

2. Das Öl in einer großen Pfanne auf mittlerer bis hoher Stufe erhitzen. Zwiebel, Gewürze und ½ Teelöffel Salz zufügen und 5 Minuten dünsten, bis die Zwiebel weich, aber noch nicht braun ist.

3. Rotkohl, 250 ml Brühe und ¼ Teelöffel Pfeffer zugeben. Zugedeckt auf mittlerer Stufe 15–20 Minuten garen, bis der Rotkohl gar ist. Putenfleisch, Karottenstreifen, Cranberrys und Paranüsse zugeben. Ohne Deckel 5 Minuten erhitzen.

4. Vorsichtig die Quinoa unterheben. Bei Bedarf die restliche Brühe dazugeben und abschmecken. Weitere 2 Minuten garen, bis alle Zutaten warm sind. Mit Petersilie garnieren und sofort servieren.

1

3

3

KARTOFFELPIZZA MIT SPINAT & PANCETTA

PORTIONEN: 2 .   ZUBEREITEN: 40 MIN.   GAREN: 25 MIN.
PLUS RUHEN

ZUTATEN

175 g Baby-Spinat, grob
gehackt

3 EL Olivenöl, plus etwas
mehr zum Einfetten

300 g festkochende Kartoffeln,
ungeschält, gekocht und in
Scheiben geschnitten

200 g Gruyère oder
Emmentaler, gerieben

1 EL frisch gehackter
Rosmarin

50 g dünne Schinkenspeck-
Scheiben, klein geschnitten

Salz und Pfeffer

PIZZABODEN

125 g Mehl Type 550

125 g Mehl Type 405

1 TL Salz

1 TL Trockenhefe

125–150 ml lauwarmes
Wasser

1. Für den Pizzaboden alle trockenen Zutaten in eine Schüssel sieben. Eine Mulde in die Mitte drücken, das Wasser hineingießen und verrühren. 10–15 Minuten zu einem glatten Teig verkneten. In eine mit Öl eingefettete Schüssel legen und mit Frischhaltefolie abgedeckt an einem warmen Ort 1½ –2 Stunden gehen lassen.

2. Den Backofen auf 240 °C vorheizen. Eine Pizza-Backform mit Öl einfetten. Den Spinat in einem großen Topf mit kochendem Wasser 10 Sekunden blanchieren. In ein Sieb geben und abspülen. So viel Wasser wie möglich ausdrücken.

3. Das Öl in einer großen Pfanne erhitzen. Die Kartoffeln hineingeben und 3–4 Minuten unter regelmäßigem Wenden braten, bis sie leicht gebräunt sind. Auf Küchenpapier abtropfen lassen.

4. Den Teig zu einem Kreis mit 30 cm Ø ausrollen. Auf ein Backblech legen. Mit zwei Dritteln des Gruyère bestreuen und die Kartoffelscheiben darauflegen. Mit Rosmarin, Salz und Pfeffer würzen. Den Spinat auf die Kartoffeln geben. Mit restlichem Gruyère und Pancetta belegen.

5. 10–15 Minuten im vorgeheizten Ofen backen und nach der Hälfte der Zeit einmal drehen. Sofort servieren.

KOHLROULADEN

PORTIONEN: 4   **ZUBEREITEN: 45 MIN.**   **GAREN: 1 STD.**

ZUTATEN

1 EL Olivenöl

15 g Butter

400 g gehackte Tomaten aus der Dose

425 ml Hühner- oder Gemüsebrühe

1 große Zwiebel, gerieben

8 große Wirsingkohlblätter, dicke Stängel entfernt

300 g frisches Schweinemett

100 g gekochter Reis

fein abgeriebene Schale von 1 Zitrone

2 TL Paprikapulver

½ TL Dillsaat oder Kümmel

1 Ei, leicht verquirlt

Salz und Pfeffer

frisch gehackter Dill, zum Garnieren

1. Öl und Butter in einer großen Pfanne erhitzen. Tomaten, Brühe und geriebene Zwiebel bis auf 2 Esslöffel zufügen. Mit Salz und Pfeffer würzen. Aufkochen, dann die Hitze reduzieren. Weiterköcheln, während der Wirsing vorbereitet wird.

2. Die Kohlblätter in einem großen Topf mit kochendem Wasser 2 Minuten blanchieren. Abgießen, abspülen und trocken tupfen.

3. Schweinemett, Reis, abgeriebene Zitronenschale, Paprika, Dillsaat, Ei und restliche Zwiebel vermengen. ¾ TL Salz und ¼ TL Pfeffer zufügen und sorgfältig mischen. Die Füllung auf die Wirsingblätter verteilen und darin aufrollen.

4. Die Rouladen mit den offenen Enden nach unten in die Sauce legen. Den Deckel auflegen und auf kleiner Stufe 45 Minuten kochen, bis sie gar sind.

5. Mit frischem Dill bestreuen und sofort servieren.

EXTRA TIPP

Der Topf sollte groß genug sein, um die Kohlrouladen nebeneinander hineinzulegen, jedoch nicht so groß, dass sie verrutschen und sich öffnen.

GEMÜSE ANBAUEN

Es ist eine große Freude, sein eigenes Gemüse anzupflanzen und wachsen zu sehen. Man kann es ernten, wenn man es benötigt und weiß, dass absolut frische Zutaten auf den Teller kommen. Außerdem kann man Sorten probieren, die es nicht unbedingt im Handel gibt.

WAS SOLLTE MAN ANBAUEN?
Samenkataloge bieten eine große Auswahl und man kann schnell den Überblick verlieren. Deshalb ist es sinnvoll, mithilfe der folgenden Fragen die Auswahl einzugrenzen:

1. Wie viel Platz haben Sie?
Wenn der Platz begrenzt ist, kann man einige Gemüsesorten auch in Behältern mit Blumenerde anbauen. Lassen Sie Ihrer Fantasie freien Lauf – Eimer, alte Wannen und Papierkörbe können als Pflanzenkübel dienen. Auch Balkonkästen eigenen sich gut.

2. Wie viel Zeit haben Sie?
Kohl, Sprossenbrokkoli und Rosenkohl brauchen Monate um heranzuwachsen. Wählen Sie lieber Gemüsesorten, die schnell wachsen und geerntet werden können, damit Sie die Früchte Ihrer Arbeit nach wenigen Wochen genießen können.

3. Was essen Sie gern?
Es ist ziemlich überflüssig, Spinat oder Rosenkohl anzupflanzen, wenn keiner in der Familie sie mag. Wenn Sie viel Salat essen, können Sie mit eigenem Anbau viel Geld sparen.

DIE BESTE ERNTEAUSLESE
Grüne Salate

Grüne Salate wachsen schnell und Sie können Sorten ausprobieren, die nur selten im Geschäft erhältlich sind.

Rucola ist ein Muss. Er ist aromatischer als gekaufter Rucola, ist pflegeleicht und sät sich von selbst wieder aus und liefert Ihnen so immer wieder Nachschub.

Unter Kopfsalaten ist die Auswahl groß. Experimentieren Sie mit gemischten Samen, um herauszufinden, welche sich in Ihrem Boden am besten entwickeln. Kopfsalat kann man in fast jedem Stadium ernten. Die dünnen Blättchen können lose über Salate gestreut oder zum Garnieren anderer Gerichte verwendet werden. Die einzelnen Blätter von Blattsalaten, die keine Köpfe bilden, kann man kurz über der Erde abschneiden, so wachsen neue Blätter nach. Passen Sie auf, dass Schnecken die Salatblätter nicht vor Ihnen verzehren!

Mangold

Mangold anzubauen lohnt sich sehr! Er ist sehr widerstandsfähig, kommt mit verschiedenfarbigen Stängeln vor und wächst fast das ganze Jahr. Er kann komplett geerntet, oder geschnitten werden und wächst nach.

Schnitt-Mangold

Er eignet sich auch für Anfänger sehr gut und lässt sich auf kleiner Fläche anpflanzen. Wie der Name vermuten lässt, schneidet man einzelne Blätter ab und neue wachsen nach. Er wächst das ganze Jahr über und mit etwas Glück auch im folgenden Jahr.

Pak Choi

Pak Choi hat flache Wurzeln und ist hervorragend für Pflanzenkübel geeignet. Er wächst den ganzen Winter über – eine willkommene Abwechslung, wenn die Gemüseauswahl klein ist. Wenn man die Blätter von außen erntet oder ganze Köpfe kurz über der Erde abschneidet, treiben sie erneut aus.

THUNFISCH MIT PAK CHOI & SOBA-NUDELN

PORTIONEN: 2   **ZUBEREITEN: 25 MIN.**   **GAREN: 20 MIN.**

ZUTATEN

400 g Pak Choi

120 g Soba-Nudeln

2 Thunfischsteaks (à 175 g), 15 mm dick

2 EL Erdnussöl, plus etwas mehr zum Einfetten

2 Scheiben frische Ingwerwurzel, in dünne Stifte geschnitten

½–1 frischer roter Chili, entkernt und in dünne Scheiben geschnitten

4 Frühlingszwiebeln mit etwas Grün daran, diagonal in dicke Stücke geschnitten

140 g gefrorene Sojabohnen (Edamame), aufgetaut

1 Spritzer Limettensaft

3 EL frisch gehackter Koriander

Meersalz und Pfeffer

1. Die Pak-Choi-Stiele in mundgerechte Stücke, die Blätter in breite Streifen schneiden.

2. Die Nudeln 5–6 Minuten al dente kochen, abgießen und das Kochwasser aufbewahren. Die Nudeln abspülen und beiseitestellen. Das Kochwasser wieder in den Topf geben und auf kleiner Stufe warm halten.

3. In der Zwischenzeit die Thunfischsteaks dritteln. Mit Öl bestreichen und mit Meersalz und Pfeffer würzen. Eine geriffelte Grillpfanne auf mittlerer bis hoher Stufe erhitzen. Den Thunfisch hineingeben und 2–2½ Minuten von jeder Seite anbraten. Auf einen Teller legen und an einen warmen Ort stellen.

4. 2 Esslöffel Öl auf mittlerer Stufe in einem Wok erhitzen und Ingwerwurzel, Chili und Frühlingszwiebeln einige Sekunden darin anbraten.

5. Pak-Choi-Stiele und Sojabohnen zufügen und weitere 3 Minuten braten. Die Blätter zufügen und 1 Minute weitergaren. Limettensaft und Koriander zufügen und mit Salz und Pfeffer würzen.

6. Die Nudeln im Kochwasser erwärmen und abgießen. Auf zwei Teller verteilen, das Gemüse dazugeben und den Thunfisch darauf anrichten. Sofort servieren.

RISOTTO MIT RADICCHIO & GARNELEN

PORTIONEN: 3–4 **ZUBEREITEN:** 15 MIN. **GAREN:** 35 MIN.
PLUS RUHEN

ZUTATEN

½ Kopf Radicchio (150 g)

4 EL Olivenöl

50 g Butter

2 Schalotten, fein gehackt

375 g Risotto-Reis

125 ml Weißwein

750 ml Hühnerbrühe

2 EL Zitronensaft, plus etwas mehr, falls gewünscht

40 g frisch geriebener Parmesan

250 g rohe Riesengarnelen, geschält und Darm entfernt

Salz und Pfeffer

frische Basilikumblätter, zum Garnieren

1. Den dicken Strunkansatz vom Radicchio entfernen und die Blätter quer in Streifen schneiden.

2. Das Öl und die Hälfte der Butter in einer großen Pfanne auf mittlerer Stufe erhitzen. Die Schalotten hinzufügen und 5 Minuten dünsten. Den Reis zufügen und umrühren. Den Wein zugießen und rühren, bis er aufgesogen ist.

3. Die Brühe portionsweise mit einer Schöpfkelle zugießen und jeweils rühren, bis die Flüssigkeit aufgesogen ist. Der Reis sollte bissfest sein. Wenn die Brühe fast verbraucht ist, den Radicchio bis auf eine Handvoll zufügen, Zitronensaft, Parmesan und die verbleibende Butter unterrühren. Mit Salz und Pfeffer abschmecken, vom Herd nehmen und 5 Minuten ruhen lassen.

4. In der Zwischenzeit das restliche Öl in einer großen Pfanne auf mittlerer bis hoher Stufe erhitzen. Die Garnelen hineingeben und 4–5 Minuten rosa braten. Mit Salz, Pfeffer und Zitronensaft würzen.

5. Garnelen und restliche Radicchio-Blätter auf dem Risotto anrichten. Mit Basilikum garnieren.

BEILAGEN

KNUSPRIGE GRÜNKOHLCHIPS

Der würzige Geschmack des Grünkohls wird noch intensiver, wenn man die Blätter röstet. Die knusprigen Bissen kann man hervorragend zu Getränken servieren oder über Suppen streuen.

PORTIONEN: 4　　　　**ZUBEREITEN: 15 MIN.**　　　**GAREN: 15 MIN.**

ZUTATEN

250 g Grünkohl
2 EL Olivenöl
2 Prisen Zucker
2 große Prisen Meersalz
2 EL geröstete Mandelblättchen, zum Garnieren

1. Den Backofen auf 150 °C vorheizen. Den dicken Stängel und die Ader in der Mitte von den Grünkohlblättern entfernen (es sollten etwa 125 g Blätter übrig bleiben). Waschen und sorgfältig mit Küchenpapier trocken tupfen. In mundgerechte Stücke reißen, mit Öl und Zucker in eine Schüssel geben und gut vermengen.

2. Etwa die Hälfte der Blätter in einer Schicht auf ein großes Backblech legen. Mit einer Prise Meersalz bestreuen und auf der unteren Schiene des vorgeheizten Backofens 4 Minuten rösten.

3. Die Blätter wenden und weitere 1–2 Minuten rösten, bis sie knusprig und an den Rändern leicht gebräunt sind. Mit den restlichen Blättern wiederholen. Mit gerösteten Mandelblättchen bestreuen und sofort servieren.

EXTRA TIPP

Es ist wichtig, das Backblech auf der unteren Schiene zu platzieren. Die Grünkohlblätter können leicht verbrennen, deshalb öfter nachschauen.

1

1

3

GEBACKENER BROKKOLI MIT PARMESAN

PORTIONEN: 4   **ZUBEREITEN: 20 MIN.**   **GAREN: 25 MIN.**

ZUTATEN

800 g Brokkoli
in einem Stück

6 EL Olivenöl

1 TL Meersalz

¼ TL Pfeffer

4 EL geröstete
Pinienkerne

fein abgeriebene Schale
von ½ Zitrone

25 g frisch gehobelter
Parmesan

Zitronenspalten,
zum Garnieren

1. Den Backofen auf 230 °C vorheizen. Die Brokkoli-Krone vom Stängel abschneiden. Den Stängel schälen, in 8 cm lange Stücke schneiden und diese der Länge nach vierteln. Die Krone in 4 cm breite Spalten schneiden.

2. Stängel- und Kronenstücke in eine Schüssel geben. Mit Öl beträufeln, mit Salz und Pfeffer würzen und vermengen. Auf einem Backblech verteilen. Mit Alufolie abdecken und auf der unteren Schiene des vorgeheizten Backofens 10 Minuten backen.

3. Die Alufolie entfernen und weitere 5–8 Minuten rösten, bis der Brokkoli anfängt, braun zu werden. Die Stücke wenden und weitere 3–5 Minuten garen.

4. Die Brokkolistücke mit dem ausgetretenen Saft in eine Servierschüssel geben. Mit Pinienkernen und abgeriebener Zitronenschale vermengen. Mit dem gehobeltem Parmesan bestreuen.

5. Mit Zitronenspalten garnieren und warm servieren.

GEBRATENER ROSENKOHL MIT MANDELN

PORTIONEN: 4   **ZUBEREITEN: 20 MIN.**   **GAREN: 15 MIN.**

ZUTATEN

450 g Rosenkohl, harte äußere Blätter und Strunk entfernt

2 EL Erdnussöl

1 EL geröstetes Sesamöl

1 Schalotte, fein gehackt

3-cm-Stück frische Ingwerwurzel, fein gehackt

1 Knoblauchzehe, in feine Scheiben geschnitten

3–4 EL Hühner- oder Gemüsebrühe

Saft von ½ Limette

3 EL Mandeln, der Länge nach halbiert

4 EL frisch gehackter Koriander

Salz und Pfeffer

Limettenspalten, zum Garnieren

1. Den Rosenkohl in einem großen Topf mit kochendem Wasser 3 Minuten garen. Abgießen und mit kaltem Wasser abspülen, dann trocken tupfen und vierteln.

2. Einen Wok oder eine große Pfanne auf mittlerer bis hoher Stufe erhitzen. Erdnussöl und Sesamöl hineingeben. Schalotte, Ingwer und Knoblauch zufügen und 1–2 Minuten anbraten, bis der Knoblauch beginnt, Farbe anzunehmen.

3. Rosenkohl, Brühe und Limettensaft zufügen. Mit Salz und Pfeffer würzen und 2–3 Minuten braten, bis der Rosenkohl weich wird. Die Mandeln zufügen und weitere 1–2 Minuten braten. Der Rosenkohl sollte zart sein und seine grüne Farbe behalten.

4. Den Koriander unterrühren, mit Limettenspalten garnieren und sofort servieren.

EXTRA TIPP

Im ersten Schritt den Rosenkohl nicht zu lange kochen, sonst saugt er zu viel Wasser auf und wird weich.

PIKANTER PAK CHOI MIT SESAMSAUCE

Pak Choi gehört zur Familie der Kohlgewächse und ist vor allem aus der asiatischen Küche bekannt. In diesem Gericht wird er mit Chili und Knoblauch gebraten und mit einer köstlichen Sesamsauce serviert.

PORTIONEN: 4　　　**ZUBEREITEN: 20 MIN.**　　　**GAREN: 10 MIN.**

ZUTATEN

5 kleine Pak Choi

2 TL Erdnuss- oder Pflanzenöl

1 frischer roter Chili, entkernt und in dünne Ringe geschnitten

1 Knoblauchzehe, in feine Scheiben geschnitten

100 ml Gemüsebrühe

SESAMSAUCE

25 g Sesamsaat

2 EL dunkle Sojasauce

2 TL brauner Zucker

1 Knoblauchzehe, zerstoßen

3 EL Sesamöl

1. Für die Sesamsauce die Sesamsaat in einer trockenen Pfanne auf mittlerer Stufe unter Rühren rösten, bis sie leicht gebräunt ist. Vom Herd nehmen und abkühlen lassen. Mit Sojasauce, Zucker und Knoblauch in einen Mörser geben und zu einer groben Paste zerstoßen. Das Sesamöl unterrühren.

2. Den Pak Choi der Länge nach vierteln und beiseitestellen.

3. Das Erdnussöl im Wok oder in einer großen Pfanne erhitzen. Chili und Knoblauch zufügen und 20–30 Sekunden anbraten. Den Pak Choi zufügen und 5 Minuten braten, dabei nach und nach die Brühe zufügen, damit er nicht ansetzt.

4. Den Pak Choi in eine vorgewärmte Servierschüssel geben, mit Sesamsauce beträufeln und sofort servieren.

EXTRA TIPP

Für dieses Rezept sollten Sie kleine Pak Choi mit prallen Blättern und unbeschädigten Stängeln wählen.

1

2

3

BROKKOLI MIT BUTTER-KAPERN-SAUCE

PORTIONEN: 4   **ZUBEREITEN: 15 MIN.**   **GAREN: 20 MIN.**

ZUTATEN

700 g violetter Sprossenbrokkoli

3 EL natives Olivenöl extra

3 Schalotten, in dünne Ringe geschnitten

2 Knoblauchzehen, in feine Scheiben geschnitten

1 Prise getrocknete Chiliflocken

3 EL geröstete Pinienkerne

50 g Butter

2 EL Kapern, abgetropft

4 EL Schnittlauchröllchen

25 g frisch gehobelter Parmesan

Salz und Pfeffer

gekochte Pasta, zum Servieren

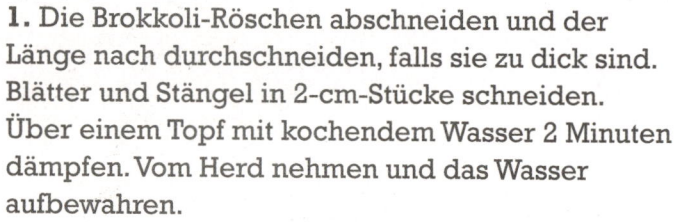

1. Die Brokkoli-Röschen abschneiden und der Länge nach durchschneiden, falls sie zu dick sind. Blätter und Stängel in 2-cm-Stücke schneiden. Über einem Topf mit kochendem Wasser 2 Minuten dämpfen. Vom Herd nehmen und das Wasser aufbewahren.

2. Das Öl in einer großen Pfanne auf kleiner bis mittlerer Stufe erhitzen. Die Schalotten hineingeben und 5 Minuten dünsten. Den Knoblauch zufügen und weitere 2–3 Minuten dünsten, bis er Farbe annimmt.

3. Die Herdplatte auf mittlere Stufe drehen und den Brokkoli in die Pfanne geben. Die Chiliflocken zufügen und mit Salz und Pfeffer würzen. 3–4 Esslöffel des Kochwassers zufügen. 4–6 Minuten unter Rühren braten, bis der Brokkoli zart ist.

4. Die Pinienkerne unterrühren und mit Salz und Pfeffer abschmecken. In eine Servierschüssel füllen und warm stellen.

5. Butter in eine heiße Pfanne geben und goldgelb bräunen. Vom Herd nehmen und Kapern und die Hälfte des Schnittlauchs einrühren.

6. Die Sauce über den Brokkoli verteilen. Mit Parmesanhobeln und dem restlichen Schnittlauch bestreuen. Sofort mit Pasta servieren.

DIE ZUBEREITUNG

Generell gilt: Grünes Gemüse möglichst kurz garen, wenn es knackig und farbenfroh sein soll, und langsam garen, wenn das süße Aroma besonders hervorkommen soll. Beachten Sie bei der Kurzgarmethode, dass das Gemüse noch weitergart, wenn man es vom Herd nimmt.

BACKEN

Rösten eignet sich hervorragend für Brokkoliröschen oder kleingeschnittenen Grünkohl und Mangold. Die trockene Hitze des Backofens karamellisiert den enthaltenen Zucker und bringt ein vollmundiges Aroma hervor. Bei hoher Temperatur backen.

KOCHEN

Hierbei gibt es zwei Möglichkeiten. Entweder nimmt man so wenig Wasser wie möglich, damit Vitamine und Nährstoffe nicht im Kochwasser verloren gehen. Oder man gibt das Gemüse in eine große Menge kochendes Wasser, weil es dadurch schneller gart und Farbe und Konsistenz erhalten bleiben. Bei beiden Methoden ist wichtig, dass man grünes Gemüse im offenen Topf ohne Deckel kocht, da sich sonst die Säuren im Dampf unter dem Deckel sammeln, auf die Blätter tropfen und deren Farbe verblassen lassen. Damit Rotkohl nicht blau wird, kann man etwas Zitronensaft oder Essig ins Kochwasser geben. Bei Spinat kein Wasser zufügen.

DÄMPFEN

Dämpfen eignet sich besonders für Brokkoli, Spinat, Rosenkohl und einige Kohlarten. Das Gemüse kommt nicht in direkten Kontakt mit dem Kochwasser und saugt sich so nicht mit Flüssigkeit voll. Es behält mehr Geschmack und eine kräftige Farbe.

BRATEN

Durch sanftes Braten kann man zartes grünes Gemüse wie Baby-Spinat, Mangold oder Rucola gut zusammenfallen lassen und zu Risotto oder Pasta geben. Robusteres Gemüse wie Kohl sollte vor dem Braten in kochendem Wasser blanchiert werden, um es etwas weicher zu machen. Scharfes Braten in heißem Öl geht schnell, und ist ideal für Gemüse mit großen Blättern wie Pak Choi und Chinakohl. Die Stängel sollten in Stücke geschnitten und vor den Blättern in die Pfanne gegeben werden, da sie eine längere Garzeit benötigen. In Gemüsepfannen z.B. mit Zwiebeln und Karotten anbraten.

SCHMOREN

Schmoren ist die sanfte Art, kräftiges Gemüse wie Grünkohl, Kohl und Blattkohl zu garen. Dabei kann man das Gemüse zunächst mit Zwiebel und Gewürzen anbraten und es anschließend im abgedeckten Topf zur Hälfte mit Wasser oder Brühe bedecken (zur Dampfentwicklung) und schmoren. Das Gemüse wird so sehr zart und äußerst aromatisch.

GESCHMORTE ERBSEN MIT SALAT & ESTRAGON

PORTIONEN: 4　　　　**ZUBEREITEN: 10 MIN.**　　　　**GAREN: 15 MIN.**

ZUTATEN

15 g Butter

1 EL Olivenöl

1 Porreestange, in dünne Ringe geschnitten

2 TL Mehl

250 ml Gemüsebrühe

375 g frische oder tiefgefrorene Erbsen

2 große Salatherzen, geschnitten

3 EL frisch gehackter Estragon

1 EL Zitronensaft

Salz und Pfeffer

1. Butter und Öl in einem großen Topf erhitzen. Den Porree in den Topf geben und auf kleiner Stufe 5 Minuten dünsten, bis er weich wird. Das Mehl einrühren und anschließend nach und nach die Brühe unterrühren.

2. Die Erbsen zugeben, die Hitze erhöhen, den Deckel auflegen und 4 Minuten kochen. Den Salat ohne umzurühren zufügen und zugedeckt weitere 2 Minuten köcheln, bis das Gemüse weich ist.

3. Den Salat unterrühren und Estragon und Zitronensaft zufügen. Mit Salz und Pfeffer abschmecken und sofort servieren.

EXTRA TIPP

Für ein anderes Aroma den Estragon durch Minze und den Salat durch Chicorée ersetzen.

BRASILIANISCHER GRÜNKOHL

Grünkohl auf brasilianische Art: Die smaragdgrünen Blätter sehen zu schwarzen Bohnen und Orangen einfach toll aus. Der vollmundige Geschmack von Grünkohl passt gut zu Chili, Knoblauch und Koriander.

PORTIONEN: 4   **ZUBEREITEN: 25 MIN.**   **GAREN: 25 MIN.**

ZUTATEN

1 große Orange

3 EL Olivenöl, plus etwas mehr zum Beträufeln

1 kleine Zwiebel, fein gehackt

1 Knoblauchzehe, fein gehackt

1 frischer grüner Chili, entkernt und fein gehackt

600 g Grünkohl, dicke Stängel entfernt und Blätter quer in Streifen geschnitten

6–8 EL Hühner- oder Gemüsebrühe

400 g schwarze Bohnen aus der Dose, abgetropft und abgespült

6 EL frisch gehackter Koriander

Salz und Pfeffer

1. Von 1 Orange oben und unten je eine Scheibe abschneiden, dann die Orange mit der weißen Haut schälen. Mit einem scharfen Messer die Filets zwischen den Trennhäutchen herausschneiden. Jedes Filet halbieren. Dabei über einer Schüssel arbeiten und den Saft aus den Resten der Trennhäutchen ebenfalls in die Schüssel pressen.

2. Das Öl in einer großen Pfanne auf mittlerer Stufe erhitzen. Die Zwiebel hineingeben und 5 Minuten glasig dünsten. Knoblauch und Chili zufügen und weitere 2 Minuten dünsten.

3. Nach und nach den Grünkohl unterrühren. Einen Schuss Brühe zugeben und zugedeckt weitere 5–6 Minuten kochen, bis der Grünkohl zusammenfällt. Falls nötig etwas mehr Brühe zugeben. Orangensaft und verbleibende Brühe einrühren. Mit Salz und Pfeffer abschmecken und zugedeckt 5 Minuten köcheln.

4. Bohnen und Orangenfilets unterheben. Einige Minuten köcheln, damit alle Zutaten warm werden. Den Koriander unterrühren, mit etwas Olivenöl beträufeln und sofort servieren.

GEDÄMPFTES GEMÜSE MIT ZITRONE & KORIANDER

Dieses einfache Gericht aus gedämpftem, knackigem Kohl und samtigem Baby-Spinat bekommt durch einen Spritzer Zitrone, frischen Koriander und scharfen schwarzen Pfeffer eine ganz besondere Note.

PORTIONEN: 4　　　**ZUBEREITEN: 15 MIN.**　　　**GAREN: 10 MIN.**

ZUTATEN

1 Spitzkohl, etwa 450 g, harte äußere Blätter entfernt

200 g Baby-Spinat

1 EL Butter

fein abgeriebene Schale von ½ Zitrone

4 EL frisch gehackter Koriander

Meersalz und Pfeffer

1. Den Spitzkohl der Länge nach vierteln und den harten Strunkansatz entfernen. Die Viertel quer in 2 cm breite Streifen schneiden. 3 Minuten dämpfen, bis er weich wird.

2. Den Spinat auf den Spitzkohl geben und weitere 3 Minuten dämpfen. In einem Sieb abtropfen lassen.

3. Spitzkohl und Spinat in eine vorgewärmte Servierschüssel füllen. Butter, abgeriebene Zitronenschale und Koriander untermengen.

4. Mit Meersalz und Pfeffer würzen und sofort servieren.

BROKKOLI MIT KÜRBISSAUCE

PORTIONEN: 4　　**ZUBEREITEN: 30 MIN.**　　**GAREN: 50 MIN.**

ZUTATEN

600 g Kabocha-Kürbis

1 kleine Zwiebel, der Länge
nach halbiert

1 große Knoblauchzehe,
ungeschält

Öl, zum Bestreichen

1½ EL Tahini

2 TL Sojasauce

1 Spritzer Zitronensaft

500 g violetter
Sprossenbrokkoli, harte
Enden entfernt

1 EL Butter

Salz und Pfeffer

1. Den Backofen auf 200 °C vorheizen. Den Kürbis in Spalten schneiden und die Kerne entfernen, aber nicht schälen.

2. Den Kürbis auf ein Backblech legen und mit Aluminiumfolie bedecken. 35–40 Minuten im vorgeheizten Ofen backen, bis er weich ist.

3. In der Zwischenzeit Zwiebel und Knoblauch in eine kleine Backform legen und mit Öl bestreichen. 20 Minuten im Ofen backen, bis die Zwiebel leicht Farbe annimmt.

4. Kürbis und Knoblauch schälen und mit der Zwiebel im Mixer zu einem dicken Püree verarbeiten. Das Püree in einen Topf füllen. Tahini, Sojasauce und Zitronensaft unterrühren und salzen und pfeffern.

5. Die Brokkoliröschen abschneiden und die Stängel in große Stücke schneiden. 5–7 Minuten dämpfen, bis Stängel und Röschen gar, aber noch kräftig grün sind. Das Kochwasser aufbewahren. Den Brokkoli warm halten.

6. Das Kürbispüree mit etwas Kochwasser verdünnen. Auf kleiner Stufe erhitzen, die Butter einrühren und mit Salz und Pfeffer würzen.

7. Die Sauce über den Brokkoli geben und sofort servieren.

KRAUTSALAT AUS ROSENKOHL & ROTKOHL

PORTIONEN: 4

ZUBEREITEN: 20 MIN. PLUS RUHEN

GAREN: 5 MIN. PLUS ABKÜHLEN

ZUTATEN

250 g Rosenkohl, harte äußere Blätter und Strunk entfernt

¼ Kopf Rotkohl, etwa 250 g

½ TL Salz

50 g Pekannusskerne

50 g getrocknete Cranberrys

6 Frühlingszwiebeln mit etwas Grün, diagonal in Ringe geschnitten

25 g frische glatte Petersilienblätter

55 g Gartenkresse oder Rettichsprossen

DRESSING

2 TL flüssiger Honig

1½ TL Zitronensaft

¼ TL Dijon-Senf

4 EL kalt gepresstes Rapsöl oder Walnussöl

1. Die Rosenkohlröschen vierteln, die Strunkansätze entfernen und die Blätter quer in dünne Streifen schneiden.

2. Die äußeren Blätter und den Strunk vom Rotkohl entfernen. Längs in drei Stücke schneiden, dann quer in dünne Streifen schneiden.

3. Rosenkohl und Rotkohl in eine große Schüssel geben und mit Salz bestreuen. Mit den Händen vermengen und 30 Minuten ziehen lassen.

4. In der Zwischenzeit den Backofen auf 150 °C vorheizen. Die Pekannüsse auf ein kleines Backblech legen und im vorgeheizten Ofen 4–5 Minuten rösten. Abkühlen lassen und halbieren.

5. Pekannüsse, Cranberrys, Frühlingszwiebeln und Petersilie zur Kohlmischung geben und vermengen.

6. Alle Zutaten für das Dressing in einer kleinen Schüssel verrühren. Über den Salat geben und vermengen. Mit Kresse bestreuen. Bei Zimmertemperatur 30 Minuten ziehen lassen, damit sich der Geschmack entfalten kann.

GEMISCHTER GRÜNER SALAT MIT KRÄUTERN

Dieser einfache Salat besticht durch kontrastreiche Farben und Aromen. Die tiefgrüne Brunnenkresse, der gelbgrüne Frisée und die rubinroten Senfblätter harmonieren ideal mit Pak Choi und aromatischen Kräutern.

PORTIONEN: 4   **ZUBEREITEN: 20 MIN.**   **GAREN: OHNE**

ZUTATEN

- 8 Frühlingszwiebeln
- 50 g Brunnenkresse oder Rucola
- 50 g Frisée oder Endiviensalat
- 25 g rote Senfblätter, in mundgerechte Stücke gezupft
- 1 kleine Handvoll Baby-Pak-Choi- oder Baby-Grünkohl-Blätter
- 1 kleine Handvoll frische Kräuter mit weichen Blättern, z.B. Basilikum, Koriander und glatte Petersilie
- 1 große Prise Meersalz
- 3-4 EL Haselnussöl
- 1 EL Reis- oder Weißweinessig
- 50 g geröstete Haselnusskerne, grob gehackt

1. Die Frühlingszwiebeln putzen, etwas Grün belassen. In 2,5 cm große Stücke schneiden.

2. Brunnenkresse, Frisée, Senfblätter, Pak Choi, Kräuter und Frühlingszwiebeln in eine große Salatschüssel geben. Mit Meersalz bestreuen. Sanft mit den Händen vermengen, um das Salz gleichmäßig zu verteilen.

3. Mit genügend Öl begießen, um die Blätter zu benetzen und sanft vermengen. Den Essig zufügen und erneut verrühren.

4. Mit Haselnüssen bestreuen und sofort servieren.

FRISÉE-SALAT MIT WALNUSSDRESSING

PORTIONEN: 4 **ZUBEREITEN: 10 MIN.** **GAREN: 5 MIN. PLUS ABKÜHLEN**

ZUTATEN

½ Kopf Frisée, Blätter ausgelöst und in mundgerechte Stücke gerupft

1 Romana-Salatherz, Blätter ausgelöst und in mundgerechte Stücke gezupft

DRESSING

50 g Walnusskerne, in grobe Stücke gebrochen

3 EL Olivenöl

1 TL flüssiger Honig

1 EL Weißweinessig

1 TL Dijon-Senf

Pfeffer

1. Zunächst das Dressing vorbereiten. Die Walnüsse in eine Pfanne geben, 1 Esslöffel Öl zugeben und auf mittlerer Stufe 2–3 Minuten rösten. Vom Herd nehmen, den Honig darüberträufeln und umrühren. Die Hitze der Pfanne reicht aus, um die Mischung leicht karamellisieren zu lassen.

2. Das restliche Öl in die Pfanne gießen und umrühren. 15 Minuten abkühlen lassen. Dann Essig und Senf in eine kleine Schüssel geben, mit etwas Pfeffer würzen und verrühren. Die Walnüsse und das Öl einrühren.

3. Frisée und Romana-Salat in eine Schüssel geben. Das Dressing darüberträufeln, sanft vermengen und sofort servieren.

EXTRA TIPP

Die Blätter sollten nach dem Waschen sorgfältig getrocknet werden, sonst haftet das Dressing nicht. Zunächst eine Salatschleuder benutzen, dann die Blätter auf Küchenpapier ausbreiten und trocken tupfen.

REGENBOGENSALAT MIT WASABI-DRESSING

Ein Salat muss nicht kompliziert sein, um zu beeindrucken. Dieses einfache Rezept ist köstlich und eine interessante Art, Mangold in wunderschönen Regenbogenfarben zu präsentieren.

PORTIONEN: 4　　　**ZUBEREITEN: 10 MIN.**　　　**GAREN: 5 MIN. PLUS ABKÜHLEN**

ZUTATEN

1 EL Sonnenblumenöl
4 EL Sonnenblumenkerne
2 EL Sojasauce
200 g Mangold
(verschiedene bunte Sorten)

DRESSING

1 TL Wasabi-Paste
1 EL Mirin (jap. Gewürzwein)
Saft von 1 kleinen Orange
Pfeffer

1. Das Öl in einer Pfanne mit Deckel auf mittlerer Stufe erhitzen. Die Sonnenblumenkerne darin zugedeckt 2–3 Minuten rösten, bis sie aufspringen. Die Pfanne schwenken, damit sie nicht anbacken. Vom Herd nehmen, die Sojasauce zugießen, den Deckel erneut auflegen und abkühlen lassen.

2. Für das Dressing Wasabi-Paste, Mirin, Orangensaft und ein wenig Pfeffer in ein sauberes Schraubglas geben, den Deckel zudrehen und schütteln.

3. Die Mangoldstängel in Stücke und die Blätter in breite Streifen schneiden. In eine Salatschüssel geben, mit Dressing beträufeln und vermengen. Mit den gerösteten Sonnenblumenkernen bestreuen und sofort servieren.

GRÜNE SÄFTE

KIWI-TRAUBEN-DURSTLÖSCHER

Erfrischende Kiwis und saftige Weintrauben ergeben mit der natürlichen Süße der Birne eine köstliche Mischung. Der Kopfsalat mit dem hohen Wasseranteil von 90 Prozent macht daraus einen echten Durstlöscher.

PORTIONEN: 1   **ZUBEREITEN: 10 MIN.**   **GAREN: OHNE**

ZUTATEN

½ Romana-Salat
4 Kiwis, geschält
120 g grüne Weintrauben
1 große Birne, halbiert
1 Handvoll Eiswürfel,
zum Servieren
(nach Belieben)

1. Ein Salatblatt zur Dekoration beiseitelegen.

2. Zunächst Kiwis und Weintrauben, anschließend Salat und Birne im Entsafter verarbeiten.

3. Ein Glas halb mit Eiswürfeln füllen (falls gewünscht) und mit dem Saft auffüllen.

4. Mit dem Salatblatt dekorieren und sofort servieren.

GRÜNKOHL-MANGO-SMOOTHIE

Diesem grün gesprenkelten Saft sieht man nicht an, dass er Mango enthält, dennoch kommt ihr Geschmack zur Geltung: Die natürliche Süße der Mango gleicht den kräftigen Geschmack des Grünkohls aus.

PORTIONEN: 1   **ZUBEREITEN: 10 MIN.**   **GAREN: OHNE**

ZUTATEN

1 EL Sesamsaat

Saft von ½ Limette

30 g Grünkohl, in Stücke gezupft

1 Mango, geschält, entsteint und klein geschnitten

250 ml ungesüßte Sojamilch

1 kleine Handvoll gestoßenes Eis

1. Die Sesamsaat in der Küchenmaschine fein mahlen.

2. Limettensaft, Grünkohl und Mango zufügen und im Mixer verarbeiten.

3. Sojamilch und gestoßenes Eis zufügen und weiter zu einem glatten Saft verarbeiten.

4. In ein Glas geben und sofort servieren.

EXTRA TIPP

Dieser Saft enthält viel Calcium aus Sesamsaat, Grünkohl und angereicherter Sojamilch und ist damit gut für die Knochen. Die Sesamsaat sollte zu feinstem Puder gemahlen werden, bevor sie mit den restlichen Zutaten vermischt wird.

SPINAT-MELONEN-LIMONADE

Dieser Saft ist eine gesunde Alternative zu zuckerhaltigen Fertiggetränken. Die süße Melone gleicht den starken Geschmack des Spinats aus und Petersilie und Minze sorgen für ein frisches Aroma.

PORTIONEN: 1   **ZUBEREITEN: 10 MIN.**   **GAREN: OHNE**

ZUTATEN

½ Galia-Melone, geschält und in dicke Stücke geschnitten

85 g Baby-Spinat

2 große Stängel frische glatte Petersilie

3 große Stängel frische Minze

1 kleine Handvoll Eiswürfel, (nach Belieben)

1. Die Melone gefolgt von Spinat, Petersilie und zwei Stängel Minze im Entsafter verarbeiten.

2. Ein Glas halb mit Eiswürfeln füllen (falls gewünscht) und mit dem Saft auffüllen.

3. Mit dem verbleibenden Stängel Minze dekorieren und sofort servieren.

EXTRA TIPP

Es ist nicht nötig, die Kerne der Melone zu entfernen. Der Entsafter übernimmt diese Arbeit und sortiert sie aus.

JA ZU GRÜNEN SÄFTEN

Es ist bekannt, dass grünes Gemüse voller Vitamine und Mineralien ist. Es enthält große Mengen Vitamin C und Folsäure, sowie wichtige Mineralien wie Calcium und Eisen. Was viele aber vielleicht nicht wissen, ist, dass sich grünes Gemüse hervorragend eignet, um daraus Säfte zu machen, da es zu etwa 75 bis 90 Prozent aus Wasser besteht.

Gemüse als Saft zu trinken ist eine bequeme Art, all diese guten Inhaltsstoffe aufzunehmen. Dennoch sollte Gemüsesaft nicht das Gemüse in den täglichen Mahlzeiten ersetzen. Trinken Sie Saft als Begleitung dazu, als energiespendendes Frühstück oder Snack zwischendurch.

Wem bestimmte Gemüsesorten pur nicht schmecken, für den kann es eine Alternative sein, diese in einem leckeren Saft verarbeitet zu sich zu nehmen. Da grünes Gemüse kaum Zucker enthält, bringt es den Energiehaushalt nicht so ins Schwanken wie Obst und süßes Gemüse wie Karotten und Rote Bete. Diese kann man zum geschmacklichen Ausgleich der Säfte durchaus dazugeben, sie sollten jedoch nicht mehr als ein Drittel des Saftes ausmachen.

Die Saftzubereitung ist recht aufwendig. Zur Gewöhnung hilft es vielleicht, Vorbereitungen zu treffen. Wenn Sie frischen Saft zum Frühstück trinken wollen, können Sie die Zutaten am Abend vorher aussuchen, sorgfältig waschen und den Entsafter bereitstellen.

Falls Sie sich gerade erst an Gemüsesäfte herangewagt haben, fangen Sie mit mildem Romana- oder Eisbergsalat an, vielleicht mit Apfel oder Karotte gemischt. Danach können Sie es mit Spinat, Mangold, Chinakohl und knackigem Pak Choi versuchen. Ein Spritzer Zitrone, eine Knoblauchzehe oder eine Scheibe Ingwerwurzel verleihen ein besonderes Aroma. Den Saft mit Wasser verdünnen, falls der Geschmack zu intensiv ist. Brokkoli und Kohl haben den intensivsten Geschmack. Obwohl sie sehr reinigend sind, sollten sie mit süßeren Zutaten wie Apfel, Sellerie, Gurke, Fenchel oder Karotte abgemildert werden.

Gemüsesaft ist leicht verderblich. Sobald er Licht, Hitze und Luft ausgesetzt ist, verliert er an Nährstoffen. Deswegen sollte er sofort getrunken werden.

MUNTERMACHER MIT BROKKOLI & PETERSILIE

Dieser belebende grüne Saft ist wunderbar mild, von Natur aus süß und äußerst erfrischend. Er ist die gesunde Alternative zu koffeinhaltigen Getränken wie Tee und Kaffee am Nachmittag.

PORTIONEN: 1 **ZUBEREITEN: 10 MIN.** **GAREN: OHNE**

ZUTATEN

120 g Brokkoli, in kleine Röschen gebrochen

1 kleine Handvoll frische glatte Petersilie

½ Fenchelknolle

2 Äpfel, halbiert

eisgekühltes Wasser, nach (nach Belieben)

1 kleine Handvoll Eiswürfel, (nach Belieben)

1. Zunächst Brokkoli und Petersilie im Entsafter verarbeiten, anschließend Fenchel und Äpfel.

2. Den Saft nach Belieben mit eisgekühltem Wasser auffüllen.

3. Ein Glas halb mit Eiswürfeln füllen (falls gewünscht) und den Saft darübergießen. Sofort servieren.

EXTRA TIPP

Entscheiden Sie selbst, ob und wie viel Wasser sie unter den Saft mischen – abhängig davon, wie intensiv der Geschmack ist oder wie durstig Sie sind.

GINSENGTEE MIT RUCOLA & APFEL

Rucola hat eine leicht scharfe Note – und ist daher möglicherweise nicht die beste Wahl für Einsteiger. Ginseng wirkt anregend und hilft, Stress zu bekämpfen und die Stimmung zu heben.

PORTIONEN: 1   **ZUBEREITEN: 10 MIN.**   **GAREN: OHNE**

ZUTATEN

1 Ginseng-Teebeutel oder
1 TL Ginsengtee
150 ml kochendes Wasser
1 Apfel, halbiert
40 g Rucola

1. Den Teebeutel oder Tee in eine Tasse geben, mit kochendem Wasser übergießen und 4 Minuten ziehen lassen. Durch ein Sieb in ein Glas abseihen.

2. Zunächst den Apfel, dann den Rucola im Entsafter verarbeiten.

3. Den Saft in den Tee rühren und warm servieren.

EXTRA TIPP

Dieses belebende Getränk kann man auch kalt genießen. Einfach abkühlen lassen, einige Eiswürfel hineingeben und vor dem Servieren gut umrühren.

SAFT AUS GRÜNKOHL, SALAT & AVOCADO

Man könnte glauben, dass der bloße Anblick dieses grünen Getränks gesünder macht. In der Tat liefert er jede Menge Vitamine und Mineralien – getrunken natürlich!

PORTIONEN: 1　　**ZUBEREITEN: 10 MIN.**　　**GAREN: OHNE**

ZUTATEN

50 g gewaschener Grünkohl

1 kleine Handvoll frische glatte Petersilie

½ Romana-Salat

3 Selleriestangen, halbiert

1 Apfel, halbiert

½ Zitrone

30 g Mandelblättchen

½ Avocado, geschält und entkernt

1 kleine Handvoll gestoßenes Eis (nach Belieben)

1. Zunächst den Grünkohl, dann Petersilie und Salat im Entsafter verarbeiten. Dann 2 Selleriestangen, Apfel und Zitrone ebenfalls in den Entsafter geben.

2. Die Mandelblättchen in der Küchenmaschine fein mahlen.

3. Saft und Avocado zu den gemahlenen Mandeln geben und glatt pürieren. Das gestoßene Eis (falls gewünscht) zufügen und erneut mixen.

4. Den Saft in ein Glas gießen. Mit der verbleibenden Selleriestange dekorieren und sofort servieren.

ENERGYDRINK AUS SPINAT & ZUCCHINI

Wenn Sie Spinat- oder Brunnenkressesuppe mögen, werden Sie diesen Saft lieben. Die grünen Blätter geben nicht sehr viel Saft ab, aber sie sind voll mit Antioxidantien, Mineralien und Vitaminen.

PORTIONEN: 1　　　　**ZUBEREITEN: 10 MIN.**　　　**GAREN: OHNE**

ZUTATEN

50 g Baby-Spinat

30 g Brunnenkresse

1 Zucchini, halbiert

2 Äpfel, halbiert

1 TL Weizengraspulver
(nach Belieben)

1 kleine Handvoll Eiswürfel,
(nach Belieben)

1. Zunächst Spinat und Brunnenkresse im Entsafter verarbeiten, dann Zucchini und Äpfel.

2. Das Weizengraspulver (falls gewünscht) in den Saft einrühren.

3. Ein Glas halb mit Eiswürfeln füllen (falls gewünscht) und mit dem Saft auffüllen. Servieren.

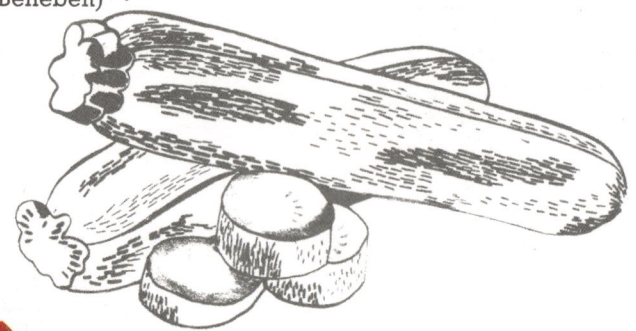

EXTRA TIPP

Ohne einen Entsafter, der die Zutaten auch zerkleinert, ist es schwierig, aus frischem Weizengras Saft zu gewinnen. Weizengraspulver ist leichter zu verwenden, enthält aber weniger Nährstoffe.

SPINAT-GURKEN-AVOCADO-SMOOTHIE

Dieser milde grüne Smoothie ist voller Antioxidantien, Vitamine und Mineralien. Er eignet sich hervorragend als leckeres Frühstück, das viel Energie spendet, ohne schwer im Magen zu liegen.

PORTIONEN: 1   **ZUBEREITEN: 10 MIN.**   **GAREN: OHNE**

ZUTATEN

1 Birne, halbiert

¼ Gurke, grob gehackt

40 g Baby-Spinat

4 große Stängel frische glatte Petersilie

½ Avocado, geschält und entkernt

½ TL Spirulina-Pulver

eiskaltes Wasser

1 Paranuss, grob gehackt

1. Birne und Gurke im Entsafter verarbeiten.

2. Den Saft in eine Küchenmaschine gießen und Spinat, Petersilie und Avocado zufügen und zu einem glatten Saft verarbeiten. In ein Glas gießen.

3. Spirulina-Pulver mit eisgekühltem Wasser dickflüssig anmischen und unter den Saft rühren.

4. Mit der gehackten Paranuss bestreuen und sofort servieren.

EXTRA TIPP

Spirulina-Pulver finden Sie im Reformhaus. Das feine, weiße Pulver färbt sich dunkelgrün, wenn es mit Wasser gemischt wird. Es wird aus Kulturalgen gewonnen und ist ein wertvoller Eweißlieferant.

Register